Jean Vaquié

L'IMPOSTURE GUÉNONIENNE

LE TRADITIONALISME, LA MÉTAPHYSIQUE, LE SYMBOLISME
HÉTÉRODOXES DE RENÉ GUÉNON
TRADITION ET MÉTAPHYSIQUE

SUIVI DE

RÉPONSE À L'IMPOSTURE GUÉNONIENNE

OMNIA VERITAS

Jean Vaquié

L'imposture guénonienne
suivi de
Réponse à l'imposture guénonienne

Publié par
Omnia Veritas Ltd

OmniaVeritas

www.omnia-veritas.com

CHAPITRE I 13

LA TRADITION ORIENTALE DE RENÉ GUÉNON 13

- Une Tradition orientale - Une tradition qui est aussi Écriture - Une tradition métaphysique - Une tradition babélienne - Une Tradition « non humaine » - Une Tradition Intemporelle - Une Tradition Infaillible - Une Tradition Ésotérique - Conclusion de la première partie. 13

Une Tradition orientale *13*
Une tradition qui est aussi Écriture *18*
Une tradition métaphysique *20*
Une tradition babélienne *23*
Une Tradition « non humaine » *27*
Une Tradition Intemporelle *33*
Une Tradition Infaillible *36*
Une Tradition Ésotérique *38*
Conclusion de la première partie *41*

CHAPITRE II 43

LA TRADITION APOSTOLIQUE 43

- La vraie Tradition transmet la vraie Révélation. - Le contenu de la Tradition primordiale. - Les Altérations prédiluviennes de la Tradition. - Le contenu de la Tradition Noachide. - La Tradition profane. - La Grande Bifurcation. - La Nouvelle Stratégie. - La Reconstitution de la Tradition primordiale. 43

La vraie Tradition transmet la vraie Révélation *43*
Le contenu de la Tradition Primordiale *46*
Les altérations prédiluviennes de la Tradition *48*
Le contenu de la Tradition Noachide *50*
La Tradition Profane *52*
La grande bifurcation *55*
La nouvelle stratégie *63*
La reconstitution de la Tradition Primordiale *65*

CHAPITRE III **69**

LA MÉTAPHYSIQUE DE R. GUENON 69

- Brahma, le Principe Suprême - Ishwara, le Dieu semi-personnel - La Trimurti, ou la Pseudo-Trinité - La Manifestation - Métaphysique et Religion 69

Brahma, le principe suprême *70*
Ishwara, le dieu semi-personnel *74*
La Trimurti ou la pseudo-trinité *77*
La manifestation *80*
Métaphysique et religion *84*

CHAPITRE IV **89**

LE SYMBOLISME CHRÉTIEN DE LA CROIX 89

- La Croix Latine - L'Arbre de la Croix - Les Quatre Instruments - Fulget Crucis Mysterium - La Partie Cachée de la Croix - Les Croix des Larrons - Le Décor Symbolique de la Croix - Le Vrai et le Faux Symbolisme de la Croix 89

Le symbolisme de la croix *89*
La Croix Latine *90*
L'Arbre de la Croix *92*
Les Quatre Instruments *94*
Fulget Crucis Mysterium *97*
La Partie Cachée de la Croix *100*
Les Croix des Larrons *101*
Le Décor symbolique de la Passion *104*
Le Vrai et le Faux Symbolisme de la Croix *108*

CHAPITRE V 113

LE SYMBOLISME MÉTAPHYSIQUE DE LA CROIX 113

- La mutation du Symbole Cruciforme. - Le Symbolisme de la Nature. - La Croix absolue. - L'homme universel. - La ligne des jalons. - La Croix devenue sphère. - L'emprisonnement de la Croix. - La crucifixion idéale. 113

La mutation du symbole cruciforme *114*
Le symbolisme de la nature *119*
La croix absolue *122*
L'homme universel *130*

La ligne des jalons *135*

La croix devenue sphère *138*

L'emprisonnement de la croix *143*

La crucifixion idéale *146*

CHAPITRE VI **151**

LE MYTHE DE L'ANDROGYNE OU LE DÉMON SUBSTITUÉ AU CHRIST 151

- De la Croix au Vortex sphérique universel. - Une forme humaine à l'Invariable Milieu. - Le Symposion platonique. - Le discours d'Aristophane. - La boule androgynique. - La Bisection. - Les moitiés attractives. - Le délire sacré. - Les syzygies gnostiques. - Adam Kadmon. 151

De la croix au vortex sphérique universel *151*

Une forme humaine à l'Invariable Milieu *153*

Le Symposion platonique *159*

Le Discours d'Aristophane *161*

La Boule androgynique *162*

La Bisection *164*

Les moitiés attractives *165*

Le délire sacré *166*

Les Syzygies gnostiques *170*

Adam-Kadmon *173*

CHAPITRE VII 177

L'IMPOSTURE GUÉNONIENNE LE MYTHE DE L'ANDROGYNE OU LE DÉMON SUBSTITUE AU CHRIST 177

- Le Rebis alchimique - Le Cordonnier de Görlitz - Séraphitus – Séraphita - L'inconscient collectif - La fascination hermaphrodite - La contagion gagne - Le serpent Ouroboros - La substitution finale 177

Le Rebis alchimique *177*

Le Cordonnier de Görlitz *180*

Séraphitus – Séraphita *184*

L'inconscient collectif *187*

La fascination hermaphrodite *192*

La contagion gagne *197*

Le serpent Ouroboros *199*

La substitution finale *204*

CHAPITRE VIII 209

LA RÉFUTATION DE L'ANDROGYNE 209

- Creavit Eos - Nomen Eorum Adam - Adjutorium Simile - Multiplicabo Conceptus tuos - Caro de Carne mea - Duo in Carne Una - Aller plus loin n'est pas licite 209

Creavit Eos *209*

Adjutorium Simile *220*

Multiplicabo conceptus tuos 227
Caro de Carne Mea 232
Duo in Carne Una 235
Aller plus loin n'est pas licite 239

Ésotérisme et christianisme autour de René Guénon 247

par Marie-France JAMES (Nouvelles Éditions Latines, 1981) 247

RÉPONSE À « *L'IMPOSTURE GUÉNONIENNE* » ... 255

Préambule 257
Réponse aux contre-vérités 263
La tradition Chrétienne est-elle la seule vraie tradition ? 274
Dimension métaphysique et exotérique des textes chrétiens 292
Autres contre-vérités à noter 320
Conclusion 339

TRADITION ORIENTALE ET TRADITION APOSTOLIQUE

Les livres de René Guénon sont réédités à un rythme croissant. Le guénonisme se répand dans toutes les écoles de pensée à tendance traditionnelle. Il est facile de constater l'activité d'un véritable réseau guénonien. Or, la pièce maîtresse de la doctrine de Guénon est incontestablement « La Grande Tradition Primordiale » à laquelle il se réfère inlassablement. L'un de ses disciples, Jean Robin, a publié récemment un livre très érudit et très élogieux, intitulé « René Guénon, Témoin de la Tradition » (Éditions de la Maisnie, Paris, 1978).

Nous savons d'autre part que la Sainte Église est « Gardienne de l'Écriture et de la Tradition ». Nous sommes donc amenés à comparer la Tradition invoquée par Guénon et celle qui est conservée par l'Église, afin d'examiner leur correspondance ou au contraire leur incompatibilité. Dans une première partie, nous exposerons les grandes lignes de la « tradition primordiale », selon R. Guénon, et dans une seconde, celle de l'Église dont le véritable nom est la « Tradition Apostolique ».

CHAPITRE I

LA TRADITION ORIENTALE DE RENÉ GUÉNON

– Une Tradition orientale – Une tradition qui est aussi Écriture – Une tradition métaphysique – Une tradition babélienne – Une Tradition « non humaine » – Une Tradition Intemporelle – Une Tradition Infaillible – Une Tradition Ésotérique – Conclusion de la première partie.

C'est, bien entendu, à Guénon lui-même que nous demanderons de définir la tradition dont il se fait le défenseur. Certes, il en parle abondamment, mais c'est toujours d'une manière diffuse, de sorte que, pour parvenir à une description exacte et complète, nous serons obligés de puiser dans diverses parties de son œuvre. Nous mettons ainsi en évidence les caractéristiques essentielles de la tradition étudiée et nous consacrerons un paragraphe à chacune d'elles.

UNE TRADITION ORIENTALE

C'est dans l'enseignement ésotérique, c'est-à-dire caché, des religions islamiques, taoïste et hindouiste que Guénon trouve les éléments de la « Grande Tradition Primordiale » qu'il désire propager en Occident.

« Dans l'Islam, la tradition présente deux aspects distincts dont l'un est religieux, et c'est celui auquel se rattache directement l'ensemble des institutions sociales, tandis que l'autre, celui qui est purement oriental, est véritablement METAPHYSIQUE ». (*Introduction générale à l'étude des « Doctrines hindoues »*, 2° partie, chapitre III.)

Guénon ne manque jamais, à propos de l'Islam, de distinguer les institutions proprement religieuses, qui sont de sources judaïques, du fond « traditionnel » qui n'est pas judaïque, mais oriental. C'est ce fond traditionnel qui est transmis par le soufisme et qui forme la partie ésotérique de l'Islam. Cette distinction doit être conservée présente à l'Esprit.

En Chine, il remarque :

« ...d'une part une tradition METAPHYSIQUE, et d'autre part une tradition sociale... Seulement, ce à quoi il faut bien prendre garde, c'est que la tradition métaphysique, telle qu'elle est constituée sous la forme du Taoïsme, est le développement des principes d'une tradition plus primordiale, contenue notamment dans le Yi-King, et que c'est de cette tradition primordiale que découle entièrement tout l'ensemble d'institutions sociales qui est habituellement connu sous le nom de Confucianisme » (*Introduction à l'étude des doctrines hindouistes*, 2° partie, chapitre III).

Mais la quintessence de la tradition primordiale, Guénon la trouve dans l'Hindouisme :

« Dans l'Inde, on est en présence d'une tradition purement METAPHYSIQUE dans son essence... ce qui apparaît ici beaucoup plus clairement que dans la tradition islamique, c'est la totale subordination des divers ordres particuliers à l'égard de la métaphysique, c'est-à-dire du domaine des principes universels ». (*Introduction à l'étude des doctrines hindouistes*, 2° partie, chapitre III).

Remarquons au passage le caractère métaphysique que l'on retrouve dans les trois branches islamique, taoïste et hindouiste de la tradition car nous aurons besoin de nous en souvenir.

Et dans quels textes trouve-t-on plus précisément la tradition métaphysique de l'Inde ?

« Le nom de Vêda est appliqué, d'une façon générale, à tous les écrits fondamentaux de la tradition hindoue : on sait d'ailleurs que ces écrits sont répartis en quatre recueils qui portent les noms respectifs de « Rig-Vêda », « Yajur-Vêda », « Sâme-Vêda » et « AtharvaVêda ». (*Introduction Doctrine Hindouiste*, 2° partie, chapitre III).

Guénon arrête à ces trois composants, islamique, taoïste et hindouiste, les sources de la tradition primordiale. Il ne mentionne pas la source judaïque. Or, précisément, les juifs se déclarent dépositaires d'une certaine « Tradition Primordiale », héritage de la Révolution Primordiale. Si Guénon ne mentionne pas cet héritage, c'est qu'il ne le considère pas comme faisant partie de la tradition qui a cours en Orient.

Il existe donc deux traditions prétendument primordiales : celle de l'Orient et celle des judéo-chrétiens. Laquelle des deux est la plus ancienne et la plus authentique ? C'est celle de l'Orient, nous dit Guénon :

« La situation vraie de l'Occident par rapport à l'Orient n'est, au fond, que celle d'un rameau détaché du tronc ». (*Introduction à l'Étude des doctrines hindouistes,* 1è partie, chapitre 1.)

D'après lui donc, le tronc ancien et authentique, c'est la tradition orientale ; le « rameau détaché », c'est celle de l'Occident, c'est-à-dire la tradition judéo-chrétienne.

Dans tout le cours de son œuvre, Guénon s'exprime au nom de la « tradition orientale » dont il se pose comme l'interprète fidèle, sinon même comme le porte-parole mandaté. Il l'affirme à plusieurs reprises, disant que les orientalistes qui l'ont précédé ont présenté une tradition de l'Orient habillée à l'occidentale et très déformée, tandis que lui, au contraire, s'attache à en formuler la version authentique.

Jean Réyor, dans les « Études traditionnelles » de janvier-février 1955, écrit ceci : « ...il avait la conviction que sa connaissance de la doctrine traditionnelle était puisée à une source plus pure et plus primordiale que celles où avaient puisé » ses devanciers orientalistes. Nous considérons désormais R. Guénon comme l'interprète rigoureux de la tradition orientale, comme cela est très généralement admis.

UNE TRADITION QUI EST AUSSI ÉCRITURE

« Disons tout de suite que nous ne prenons pas ce mot tradition dans le sens restreint où la pensée religieuse de l'Occident oppose parfois « tradition » et « écriture », entendant par le premier de ces deux termes, d'une façon exclusive, ce qui n'a été l'objet que d'une transmission orale. Au contraire, pour nous, la tradition peut être écrite aussi bien qu'orale ; la partie écrite et la partie orale forment deux branches complémentaires d'une même tradition et nous n'avons aucune hésitation à parler d'ÉCRITURES TRADITIONNELLES » (*Introduction à l'Étude des Doctrines hindouistes*, 2° partie, chapitre III).

La masse documentaire dans laquelle s'exprime la tradition orientale est très importante puisqu'elle comprend, outre les quatre grands recueils de Véda et de leurs commentaires, les textes Yi-King pour la Chine et les documents soufistes pour l'Islam.

Dans cette masse, va-t-on faire la distinction entre « Écriture » et « Tradition », comme cela se fait dans les archives judéo-chrétiennes ? En effet, chez les juifs et les chrétiens, l'Écriture Sainte est la transcription immédiate de la Révélation Divine, authentifiée comme telle par les instances religieuses du moment et rigoureusement conservées par la suite. La Tradition est ce qui, dans la Révélation divine, a échappé à la codification scripturaire et s'est transmis d'abord oralement, puis par écrit après un certain délai.

En Orient, une telle discrimination n'est pas faite, pour bien des raisons d'ailleurs. Il n'existe pas, dans la masse des documents transmis, de noyau central. Toutes les parties en ont la même valeur et la même autorité quant à l'inspiration qui leur a donné naissance.

Quelle note, Guénon, interprète des Orientaux, va-t-il attribuer à tout cet ensemble ? Il avait le choix entre plusieurs solutions. Il pouvait dire : « Toute cette réserve documentaire mérite le nom d'Écriture ». Mais il pouvait estimer aussi que « tout l'ensemble est « Tradition ». Il a préféré une réponse mixte en donnant à tous ces traités sans date la note d' « Écritures Traditionnelles ».

Pourquoi cette solution ? D'abord, parce que l'esprit oriental n'est pas favorable aux définitions précises qui lui paraissent simplistes et déformantes. Mais c'est probablement aussi pour profiter des avantages des deux dénominations. Il désire conserver la liberté d'interprétation qui s'attache à toute tradition, tout en revendiquant la CANONICITE que l'on réserve à l'Écriture.

De fait, Guénon envisage surtout la note traditionnelle de ses documents. C'est le mot de tradition qui revient continuellement sous sa plume. Néanmoins, nous verrons, quand il nous parlera de « l'infaillibilité traditionnelle » que les avantages d'une certaine canonicité ne lui sont pas indifférents.

UNE TRADITION MÉTAPHYSIQUE

La tradition se présente donc sous trois formes principales : l'islamique, la taoïste et l'hindouiste. Or, nous avons noté que la composante métaphysique est la même dans les trois formes. Autrement dit, la tradition véhicule un seul et même contenu notionnel qui est de nature métaphysique.

Que faut-il entendre par métaphysique dans la terminologie de Guénon ? Voici ce qu'il écrit dans l'Introduction à l'Étude des Doctrines hindoues :

« ....dans la tradition hindouiste, ce qui apparaît beaucoup plus clairement que dans la tradition islamique, c'est la TOTALE SUBORDINATION des divers ORDRES PARTICULIERS à l'égard de la métaphysique, c'est-à-dire du domaine des PRINCIPES UNIVERSELS ».

Quels sont ces « divers ordres particuliers » ? Nous l'apprenons par ailleurs : ce sont les institutions politiques, la philosophie et la religion.

Les institutions, la philosophie et la religion se trouvent donc placées dans une totale subordination à l'égard de la métaphysique, c'est-à-dire de la tradition puisque nous avons noté que la tradition véhicule un contenu métaphysique partout le même. C'est donc dans la « tradition métaphysique » que les institutions, la philosophie et la religion doivent rechercher leur inspiration, chacune pour leur part.

Demandons maintenant à Guénon quelles sont les raisons pour lesquelles la métaphysique est ainsi apte à exercer son hégémonie sur « les divers ordres particuliers ».

C'est d'abord parce que la métaphysique est « le domaine des PRINCIPES UNIVERSELS ». Il est bien évident que, si l'on considère cette définition comme solidement établie, les divers ordres particuliers seront bien obligés d'aller puiser leurs principes dans la métaphysique, puisqu'il n'existe de principes nulle part ailleurs.

La deuxième raison qui justifie la suprématie de la métaphysique, c'est son mode de connaissance.

La philosophie met en jeu la raison aidée par les données sensorielles. Tandis que la métaphysique, telle que la définit Guénon, est PUREMENT INTELLECTUELLE. Son mode de connaissance n'est ni rationnel, ni sensoriel ; c'est une INTUITION immédiate, laquelle se réalise au terme d'un entraînement d'ordre CONTEMPLATIF.

Les ouvrages de Guénon sont en grande partie consacrés à décrire cette voie contemplative qu'il appelle d'ailleurs la « voie métaphysique ».

De ce que la connaissance métaphysique est purement intellectuelle, intuitionnelle et contemplative, Guénon va tirer la conclusion qu'elle a un caractère « d'absolue certitude » : ce sont ses propres termes :

« La métaphysique qui a un caractère d'ABSOLUE CERTITUDE ne saurait admettre rien d'hypothétique » (*Introduction à l'étude des Doctrines Hindouistes*, 2è partie, chapitre VIII).

De sorte que tradition et métaphysique, au sens où l'entend Guénon, ne font qu'un. On peut associer les deux mots et parler indifféremment de tradition métaphysique ou de métaphysique traditionnelle.

On comprend qu'une telle métaphysique, à la fois universelle et absolument certaine, constitue la source d'inspiration commune à laquelle, dans le système guénonien, viennent puiser les institutions, la philosophie et la religion.

UNE TRADITION BABÉLIENNE

Dans le système de Guénon, donc, la tradition métaphysique, parce qu'elle est purement intellectuelle, intuitive et universelle exerce une suprématie sur la philosophie, laquelle se meut dans la zone inférieure du rationnel et du sensoriel. Nous allons voir maintenant qu'elle exerce aussi une suprématie analogue sur la religion.

La suprématie de la tradition sur la religion est justifiée, selon Guénon, par la SENTIMENTALITE qui constitue le fond mental de toute religion au plein sens du mot, il faut la réunion de trois éléments le dogme, la morale et le culte. Or, chacun de ces trois éléments est imprégné de sentimentalité.

Le CULTE religieux est forcément d'ordre sentimental, puisqu'il est dévotionnel par définition. Le DOGME ne peut pas être purement intellectuel puisqu'il est contaminé par la notion du salut, notion dans laquelle l'émotion personnelle est la composante majeure. Quant à la MORALE, elle aussi, puisque c'est une affaire, non plus de connaissance pure, mais de comportement pratique où le sentiment (par exemple, l'altruisme) joue un rôle capital.

Donc, les trois éléments constitutifs de la religion sont d'ordre sentimental. Au contraire, la « tradition métaphysique », puisqu'elle ne possède ni dogme, ni morale, ni culte, mais seulement des principes abstraits, reste purement intellectuelle. Et par conséquent, elle peut prétendre, d'après ce système, à l'hégémonie sur la religion comme sur la philosophie.

L'Orient reconnaît, en fait, cette hégémonie de la tradition. Bien sûr, on y observe des dévotions religieuses, comme par exemple le Brahmanisme, le Vishnouisme et le Shivaïsme, mais il ne s'agit là précisément que de dévotions et non pas de religion au sens judéo-chrétien du mot. C'est bien dans la tradition, et non dans la dévotion de type religieux que, dans les Indes, les institutions, la philosophie et même les sciences, vont chercher leurs principes. Tout au moins en était-il ainsi autrefois.

Après avoir ainsi séparé la religion de la tradition et défini leur position relative, Guénon va faire une remarque d'ordre historique qui nous permettra, à notre tour, une importante déduction. On ne rencontre dans le monde, fait-il observer, qu'une seule famille spirituelle qui réunisse les trois composants nécessaires pour constituer une religion, c'est la famille judéo-chrétienne, cette famille incluant la partie purement religieuse de l'Islam (l'infrastructure ésotérique de l'Islam, qui est le soufisme, relevant de la tradition et non pas de la religion proprement dite).

« Partout ailleurs, les trois parties que nous venons de caractériser (dogme, morale et culte) ne se trouvent pas réunies ». (*Introduction à l'étude des doctrines hindouistes*, 2° partie, chapitre IV).

Cette observation de Guénon selon laquelle la tradition et la religion forment DEUX DISCIPLINES SPIRITUELLES DIFFERENTES est extrêmement judicieuse. Mais alors, elle nous amène à nous poser une question que Guénon, d'ailleurs, ne se pose pas, tout au moins ouvertement.

À quelle époque la famille religieuse s'est-elle séparée de la famille traditionnelle ? Autrement dit, dans quelles circonstances la religion judéo-chrétienne s'est-elle détachée du tronc traditionnel ancien ? Nous ne voyons pas d'autre épisode historique possible que celui de la TOUR DE BABEL.

Lorsque, dans la 2° partie, nous étudierons les difficultés de transmission de la Révélation primordiale, nous reverrons avec attention cet épisode biblique qui est d'une importance capitale.

Remarquons dès maintenant qu'après la confusion des langues opérée par Dieu même à Babel, les nations se sont dispersées porteuses d'une tradition très ancienne. Et c'est dans cette même contrée que, quelques générations plus tard, Dieu a procédé à la VOCATION d'ABRAHAM. Il l'a extrait de cette antique tradition pour lui confier, à lui et à ses descendants, une Révélation Nouvelle, et il a fait de lui le « Père des Croyants », c'est-à-dire le Patriarche de la « religion » dont Guénon constate avec raison la grande différence, le contraste même, avec la tradition métaphysique. C'est donc bien dans ces circonstances qu'a eu lieu la séparation des deux familles spirituelles.

Naturellement, nous ne porterons pas, sur les faits, le même jugement que Guénon. Nous montrerons, facilement d'ailleurs et sans recourir à aucun subterfuge, que la religion judéo-chrétienne constitue, en réalité, le tronc ancien ; et c'est la tradition métaphysique qui est le rameau détaché.

Nous pensons qu'en dernière analyse, et bien que Guénon ne l'écrive pas explicitement, la tradition orientale peut être dite TRADITION BABELIENNE.

UNE TRADITION « NON HUMAINE »

Nous avons vu que l'une des principales sources de la « Grande Tradition Primordiale » de R. Guénon est constituée par les autres traités du Vêda, complétés par leurs commentaires. Nous allons maintenant apprendre de lui que ces traités sont plus vénérables encore par la nature de leur inspiration que par leur seule antiquité.

Le mot de « Vêda » est un terme sanscrit qui dérive de la même racine indo-européenne que le verbe latin Videre = voir.

Vêda signifie « vision » et aussi « savoir ». Nous devinons déjà que les traités du Vêda forment un vaste recueil de visions.

« À l'origine, il faut toujours recourir à une INSPIRATION DIRECTE, car il ne s'agit point là d'une œuvre individuelle ; peu importe que la tradition ait été exprimée ou formulée par tel ou tel individu, celui-ci n'en est point l'auteur pour cela, dès lors que cette tradition est essentiellement SUPRA-INDIVIDUELLE. C'est pourquoi l'origine du Vêda est dite *apaurushêya*, c'est-à-dire NON HUMAINE ». (*Introduction à l'étude des Doctrines Hindouistes*, 3° partie, chapitre II.)

Guénon résume, dans ce passage, de nombreux chapitres de son œuvre. Il évoque ici deux notions sur lesquelles il revient sans cesse : d'une part, une certaine METHODE (ou voie) contemplative ; d'autre part, le BUT ultime auquel conduit cette contemplation. Nous allons examiner successivement cette méthode et ce but, car ils furent ceux des visionnaires que l'on peut considérer comme les rédacteurs anonymes du Vêda.

La VOIE CONTEMPLATIVE préconisée par Guénon constitue une inspiration « directe » et « supra-individuelle ».

C'est une voie DIRECTE parce qu'elle réalise, nous l'avons déjà vu, une connaissance intuitive. Dans le langage chrétien, nous parlerions d'une « infusion intellectuelle », c'est-à-dire d'une connaissance acquise sans l'intermédiaire d'aucune perception sensible.

C'est aussi une voie SUPRA-INDIVIDUELLE parce qu'elle opère une transformation de la personnalité. Le visionnaire recherche la contemplation, non pas à l'extérieur de lui-même, mais au-dedans, c'est-à-dire dans son tréfonds. Son travail d'introspection consiste à éveiller en lui le germe qui s'y trouve déjà sous une forme latente, virtuelle et inconsciente. À la suite de ce travail, le « moi » individuel fait place au « soi » personnel. L'individu se transforme en personne.

Qu'est-ce donc que le « soi » personnel auquel on aboutit ainsi ? C'est la participation élémentaire au PRINCIPE UNIVERSEL. C'est le point de contact que chaque homme possède, sans le savoir, avec le « Principal Universel ». La méthode contemplative qui est dite métaphysique a précisément pour effet de faire éclore ce germe. À l'issue de cette introspection, le sujet, de simple individu qu'il était, est devenu une « personne » par sa participation consciente au « Principe Universel » qui est d'ordre métaphysique.

Telle est la VOIE METAPHYSIQUE. Elle réalise une « inspiration directe » puisqu'elle est intuitive. Elle est aussi « supra-individuelle » puisqu'elle fait acquérir la véritable personnalité.

Quant au BUT ultime auquel conduit cette voie métaphysique, c'est donc le « Principe Universel ». Et c'est lui, précisément, que l'on nous dit être NON HUMAIN. Malheureusement, cette désignation, toute négative, ne révèle pas sa véritable identité. S'agit-il d'une force ou d'un esprit de type angélique ? S'agit-il d'un contact avec la quintessence cosmique ? S'agit-il seulement d'une révélation de l'homme à lui-même, ou une sorte d'auto-révélation ?

Nous n'obtenons aucune réponse à ces questions. Guénon répétera inlassablement que l'inspiration du Vêda est « non-humaine ». C'est l'expression consacrée ; il n'en formulera jamais d'autre ; il ne se laissera pas entraîner à des divulgations intempestives ; il s'imposera cette discipline de vocabulaire avec la rigueur dont seul un chef d'École est capable quand il s'agit de maintenir la ligne. De sorte que nous parviendrons à la fin des vingt-quatre ouvrages du maître sans savoir au juste ce qu'est l'origine non-humaine de la tradition orientale. Il nous aura seulement invités, si nous voulons en savoir davantage, à suivre nous-mêmes la voie métaphysique en recevant l'INITIATION.

En quoi la voie métaphysique diffère-t-elle de la voie mystique qui est suivie dans le christianisme ? Guénon explique en maints endroits qu'il ne veut pas employer d'autres mots que « métaphysique » pour qualifier la voie contemplative orientale. Il ne veut surtout pas du mot « mystique », car la mystique et le mysticisme sont des notions et des phénomènes religieux, donc d'un ordre inférieur. Cette précision de vocabulaire mérite une explication, car elle n'est pas seulement conventionnelle et pratique, mais elle tient à la nature des choses.

On comprend que Guénon ait tenu à désigner, par deux mots différents, deux choses aussi différentes en effet que la contemplation métaphysique des Orientaux et la contemplation mystique des Chrétiens, car ni les buts ni les moyens ne sont les mêmes.

La contemplation métaphysique des Orientaux conduit au « domaine des principes universels », en passant par la recherche active et même intensive d'un germe inconscient qui est enfoui dans le tréfonds de l'homme.

La contemplation mystique des Chrétiens conduit au Dieu Personnel et Créateur, en passant par le vide et la passivité aimante d'une âme qui attend tout d'En-Haut.

Il faut reconnaître que Guénon, en distinguant ces deux voies et en leur affectant à chacune un terme spécifique, fait preuve, encore une fois, d'un incontestable discernement. Il a touché là une authentique réalité.

Seulement, ajoutons, de notre côté, que ces deux voies ont tout de même des points communs. Plus exactement, elles mettent en jeu des mécanismes mentaux analogues. La voie métaphysique n'est, en dernière analyse, que la voie mystique détournée de son but. Il y a, entre ces deux voies, la même différence qu'entre la RELIGIOSITE NATURELLE et la vraie religion.

L'homme est naturellement construit pour la vraie religion. La nature le prédispose à la vraie religion. La nature contient tous les mécanismes mentaux nécessaires pour accueillir la Révélation Divine et la mettre en œuvre. Néanmoins, ces mécanismes, providentiellement destinés à recevoir la Révélation d'En-Haut, peuvent être détournés, puisque l'homme possède le libre arbitre, vers les révélations d'en bas. Si nous avions à donner un nom à la voie contemplative orientale, nous l'appellerions la voie PSEUDO-MYSTIQUE, pour bien marquer qu'il s'agit, en somme, d'une contrefaçon.

Une Tradition Intemporelle

Certes, la très haute antiquité des traités védiques n'est pas indifférente à R. Guénon. On le comprend très bien. Il n'est pas sans importance, pour une tradition, de produire des textes qui figurent parmi les plus anciens que l'on puisse trouver. Mais nous venons de voir que cette antiquité devient d'un intérêt secondaire quand on la compare à l'inspiration non-humaine des textes. Cette inspiration en fait des documents que l'on peut qualifier de RÈVELES, sauf ensuite à se demander par qui.

Guénon va maintenant tirer, de cette origine non-humaine, un nouveau corollaire. Il attribue, aux textes védiques, une INTEMPORALITE qui va d'abord être le prolongement de leur antiquité, mais qui va finir par se substituer véritablement à cette antiquité.

Avec son application habituelle, il nous fait remarquer que la tradition métaphysique n'est pas seulement ancienne, mais qu'elle est intemporelle. Il ne dit pas éternelle, parce que l'éternité est une notion religieuse ; il parle d'intemporalité et non pas d'éternité. Il n'oublie pas que la métaphysique se distingue de la religion. Elle lui est supérieure. Elle en est l'immense cadre abstrait, l'immense enveloppe intemporelle.

« La question de la date à laquelle ont pu être écrites les différentes parties du Vêda semble véritablement insoluble et elle est d'ailleurs sans importance réelle ». (*Introduction à l'Étude des Doctrines Hindouistes*, 3è partie, ch. II)

« Il faut envisager la tradition dans son intégralité et il n'y a pas à se demander ce qui, dans cette tradition, est primitif ou ne l'est pas, puisqu'il s'agit d'un ensemble parfaitement cohérent ». (ibidem).

Et pourquoi l'ensemble reste-t-il parfaitement cohérent ? C'est parce que la source d'inspiration est toujours la même ; c'est la source non-humaine qui est, de ce fait, absolument hors du temps. Elle est la même aujourd'hui qu'il y a deux ou trois mille ans.

Mais alors, va-t-on pouvoir déclarer « traditionnelle » des données récentes ? Rien n'empêche de le faire à la condition que ces nouvelles données soient de source non-humaine, comme l'étaient déjà les anciennes. Si cette condition est réalisée, les apports modernes ne peuvent pas rompre l'homogénéité de la tradition. Ils s'y intègrent sans difficultés. On comprend qu'une tradition aussi extensible soit déclarée intemporelle.

« Les circonstances historiques, non plus que d'autres contingences, n'exercent aucune influence sur le fond de la doctrine qui a un caractère INTEMPOREL, et il est d'ailleurs évident que l'inspiration dont nous venons de parler peut se produire à n'importe quelle époque ».

(*Introduction à l'Étude des Doctrines Hindouistes*, 3e partie, chapitre II.)

UNE TRADITION INFAILLIBLE

De l'origine non-humaine, et donc intemporelle, de la tradition orientale, R. Guénon tire encore une nouvelle conséquence : son INFAILLIBILITE. Le chapitre XLV de l'ouvrage « *Aperçus sur l'Initiation* » est intitulé « De l'Infaillibilité Traditionnelle ». Voici quelques passages de ce chapitre.

« ...nous devons encore envisager une autre question, qui est celle de l'infaillibilité doctrinale ; nous pouvons d'ailleurs le faire en nous plaçant au point de vue traditionnel en général... Ce qui est proprement infaillible, c'est la doctrine elle-même et elle seule, et non point les individus humains comme tels ; et si la doctrine est infaillible, c'est qu'elle est l'expression de la vérité qui, en elle-même, est absolument indépendante des individus qui la reçoivent et qui la comprennent ».

« La garantie de la doctrine réside, en définitive, dans son caractère non humain... La vérité n'est point faite par l'homme, mais elle s'impose au contraire à lui, non pas cependant du dehors, mais en réalité du dedans„ parce que l'homme n'est évidemment obligé de la reconnaître comme vérité que si tout d'abord il la connaît... »

Or, il la « connaît » au sens technique du mot, quand il l'a appréhendée directement par ce qu'on appelle l'intuition métaphysique. C'est cette sorte d'infusion intellectuelle dont nous avons parlé et que nous appellerions pseudo-mystique si nous pouvions employer ici le langage chrétien.

Ayant donc « connu » la vérité par la voie métaphysique, c'est-à-dire se l'étant assimilée directement, on pourra en témoigner infailliblement. Guénon précise bien que ce n'est pas le témoin qui est infaillible mais la tradition métaphysique elle-même. Le témoignage ne sera infaillible que s'il est rigoureusement fidèle.

Cette notion d'infaillibilité appliquée ainsi à la tradition orientale, va immanquablement heurter les catholiques, habitués à ne voir planer aucun vautour au-dessus de l'infaillibilité du Pontife romain. Or, Guénon ne veut justement pas heurter les catholiques, puisqu'il veut les enrôler. Il va donc maintenir le principe de l'infaillibilité dans l'ordre de la religion en général, conservant ainsi l'infaillibilité du Pontife romain, comme en étant un cas particulier. Il la justifie même, en la liant à la légitimité canonique et à la compétence doctrinale.

Mais cette infaillibilité, il la limite à l'ordre religieux et il précise qu'elle ne saurait en aucune façon s'exercer dans l'ordre traditionnel. Car un quelconque pontife religieux (par exemple, le Pape des chrétiens) ne possède, dans l'ordre métaphysique, ni légitimité canonique, ni compétence doctrinale. Qu'il ne vienne donc pas contester, dans la sphère métaphysique, l'infaillibilité de la tradition, puisqu'on lui laisse le libre exercice de la sienne dans l'ordre religieux.

Guénon applique ainsi, à l'égard de l'Église, la stratégie qui lui est habituelle : « se superposer sans s'opposer ». Stratégie qu'il exprime en ces termes dans son ouvrage « » L'Ésotérisme de Dante » : « ...ésotérique n'équivaut pas à hérésie et une doctrine réservée à une élite peut se SUPERPOSER à l'enseignement dispensé à tous les fidèles sans s'y OPPOSER ».

UNE TRADITION ÉSOTÉRIQUE

Une dernière question se pose. La « Grande Tradition Immémoriale » s'est-elle maintenue, depuis les temps les plus reculés, d'une manière cachée, c'est-à-dire ésotérique ?

S'est-elle ainsi perpétuée d'âge en âge tout en restant réservée à une élite ?

La tradition, nous l'avons vu, présente un mode d'inspiration et un contenu métaphysiques. Or, dit Guénon : « ...il y a, dans toute doctrine métaphysique, quelque chose qui SERA TOUJOURS ESOTERIQUE et c'est la part d'inexprimable que comporte essentiellement toute conception métaphysique ». (*Introduction à l'Étude des Doctrines Hindouistes*, 2è partie, chapitre IX.)

La tradition va donc comporter, pour ainsi dire techniquement, une part ésotérique. Il y a des arcanes de la tradition qui resteront inaccessibles aux ministres des religions pour la raison très simple que ces ministres n'empruntent pas la voie métaphysique, mais seulement la voie mystique et que par conséquent leurs sources d'inspiration restent secondaires, subordonnées et subsidiaires.

La religion, phénomène dévotionnel et sentimental, s'adresse au grand public. C'est ce que Guénon exprime en disant qu'elle est d'ordre exotérique. Elle est faite pour les besoins des foules, auprès desquelles elle réalise d'ailleurs des merveilles, nous accorde-t-on volontiers. Mais les foules précisément ne sont pas capables de comprendre les subtilités de la métaphysique, laquelle leur reste donc cachée.

Néanmoins, le système de Guénon n'entend pas priver entièrement la religion de toute participation à la tradition ésotérique. En régime normal, au contraire, c'est-à-dire quand la hiérarchie des valeurs est respectée, la religion doit puiser le tréfonds de ses dogmes et de ses symboles dans la tradition métaphysique.

Mais historiquement, cette inspiration n'est pas toujours respectée parce que la religion veut voler de ses propres ailes et méprise le secours, pourtant si nécessaire, de la métaphysique.

C'est actuellement ce qui se passe pour la Religion catholique qui s'est alimentée autrefois, paraît-il, à la source traditionnelle, surtout pendant le Moyen Age, mais qui, malheureusement, depuis la période de l'humanisme, a perdu le contact avec la doctrine, l'inspiration et les organisations traditionnelles.

L'Islam, au contraire, présente une disposition exemplaire, selon l'avis de Guénon : il montre au public une impressionnante façade purement religieuse et exotérique, d'origine judaïque, mais il possède aussi, derrière cette façade, les collèges ésotériques du soufisme dans lesquels se perpétue la tradition orientale.

Si nous avons bien compris le raisonnement de Guénon, il faudrait que la famille spirituelle judéo-chrétienne, qui a déserté la « Grande Tradition Primordiale » et qui s'est cantonnée dans la religion exotérique, revienne à sa souche traditionnelle d'origine et qu'elle se rapproche de l'hindouisme. L'Église Catholique, en particulier, devrait posséder, comme l'Islam, ses cercles ésotériques et traditionnels.

C'est une idée qui n'est pas nouvelle. La franc-maçonnerie, depuis longtemps, songe à un plan analogue. Seulement, elle se propose elle-même comme SUPER-ÉGLISE ésotérique. Guénon conserve le même plan d'ensemble, mais il désigne comme point de rencontre universel, non plus la franc-maçonnerie, mais la TRADITION ORIENTALE.

Conclusion de la première partie

La tradition orientale dont R. Guénon veut se faire l'introducteur en Occident nous est donc présentée à la fois comme une HYPER-PHILOSOPHIE purement intellectuelle, comme une HYPER-MYSTIQUE aboutissant à l'absolue certitude et comme une HYPER-RELIGION universelle.

L'incompatibilité de cette tradition avec la « Tradition Apostolique » dont l'Église est gardienne, est absolument manifeste.

Seulement il ne suffit pas de constater cette incompatibilité ; il faut maintenant discerner laquelle des deux traditions est la plus ancienne et la plus authentique ; laquelle des deux a transmis, ou au contraire a perdu, le dépôt de la Révélation Primordiale et de celles qui ont suivi. C'est à cette série de questions que nous voudrions répondre dans une prochaine et deuxième partie.

Chapitre II

La Tradition Apostolique

– La vraie Tradition transmet la vraie Révélation. – Le contenu de la Tradition primordiale. – Les Altérations prédiluviennes de la Tradition. – Le contenu de la Tradition Noachide. – La Tradition profane. – La Grande Bifurcation. – La Nouvelle Stratégie. – La Reconstitution de la Tradition primordiale.

Nous avons constaté, dans l'article précédent, l'incompatibilité de la *tradition orientale* avec la *Tradition* dont l'Église est gardienne. Les deux traditions portent le même nom mais n'ont pas le même contenu.

Il faut maintenant discerner, entre les deux, laquelle contient véritablement la Tradition Primordiale et laquelle est un rameau dévié.

La vraie Tradition transmet la vraie Révélation

Toute Révélation divine donne lieu à « *Écriture* » et à « *Tradition* ».

L'Écriture, c'est ce que le prophète consigne par écrit pour l'avoir entendu directement venant de Dieu. Il confie son écrit à l'autorité religieuse du moment. Car il en a toujours existé, sous une forme ou sous une autre : soit le Patriarche, ou le juge, soit le Grand Prêtre ou le Pontife. Les écrits de cette sorte sont conservés précieusement étant donné leur origine. Ils sont largement éprouvés (puisqu'ils font opérer le discernement des esprits) et finalement codifiés, souvent de nombreuses années plus tard. Leur ensemble forme la *Sainte Écriture*.

Mais le prophète n'a pas pu tout écrire ; il parle ensuite de ce qu'il a vu et entendu. Ses auditeurs vont se transmettre oralement ces précieux vestiges de Révélation, puis les écrire à leur tour. Ce sera la *Tradition*. Elle demeurera éparse dans des documents très divers, au milieu desquels il faudra discerner ce qui est révélé de ce qui ne l'est pas ; car le critère n'est pas l'ancienneté mais l'origine divine.

Si une tradition est profane à l'origine, c'est-à-dire si elle ne transmet que de la philosophie, de la science, de l'histoire ou du droit, elle ne devient pas révélée par le seul fait de l'écoulement du temps. Ce qui est profane le reste, si haute que soit son antiquité et ce n'est pas d'une telle tradition que l'Église sera la gardienne.

La Révélation messianique, celle qui a été apportée par Notre-Seigneur Lui-même, a donné lieu à Écriture *(le Nouveau Testament)* et à Tradition *(la Tradition Apostolique)*.

De même, avant elle, la Révélation mosaïque (plus généralement judaïque) avait donné lieu, elle aussi, à Écriture (l'Ancien Testament) et à Tradition (La Kabbale).

Remontons encore plus haut. À l'origine, nos premiers parents et les patriarches qui leur ont succédé avaient reçu la « *Révélation Primordiale* ». Mais alors celle-là n'a pas donné lieu à Écriture. Elle n'a engendré que la « *Tradition Primordiale* » ou « *Patriarcale* » qui est restée orale pendant de très longs siècles, et qui même n'a jamais été écrite comme telle.

Or, il est arrivé que la Tradition Primordiale, qui donc contenait oralement toute la Révélation, a été l'objet de très graves altérations. Il s'y est mêlé des traditions profanes, non révélées par conséquent, lesquelles ont fini par envahir, étouffer et effacer toute trace de vraie Tradition, c'est-à-dire de la vraie Révélation divine. Et l'Histoire de la Religion sur la terre, jusqu'à Abraham, n'est autre chose que celle des altérations successives de la Tradition Primordiale.

LE CONTENU DE LA TRADITION PRIMORDIALE

De l'avis général des écrivains d'Église, la Révélation faite par Dieu à Adam et aux patriarches qui lui ont succédé comportait quatre composantes essentielles : un Dieu, une Loi, un Culte et une Prophétie.

Un Dieu - Le Dieu de la Tradition est personnel, créateur et unique. Il est *personnel,* on peut avoir avec Lui un commerce ; Il n'est ni une force aveugle, ni une entité abstraite ; la religion primitive n'est pas panthéiste. Dieu est *créateur ; Il* n'a aucune force indépendante au-dessus de Lui ; Il est souverain maître de tout, donc créateur de tout. Dieu est *unique ; il* n'y a pas d'autre dieu que Lui ; la relation primitive n'est pas non plus polythéiste.

Une Loi - Elle est tacite ; c'est la règle de conduite mise au cœur de l'homme ; c'est la voix de la conscience ; c'est la loi naturelle ; elle n'est donc pas positivement révélée ; mais quand Caïn la transgresse, Dieu la rappelle explicitement ; elle est d'ailleurs complétée par des prescriptions diverses, comme par exemple le précepte de procréation.

Un Culte - La loi du sacrifice est universelle ; elle consiste à confesser devant Dieu son propre néant ; tel est le fondement du culte ; de non-sanglant qu'il était avant la chute, il est devenu sanglant depuis, puisqu'il s'y est ajouté la nécessité de l'expiation ; Abel a compris cela et non Caïn. Le culte de Caïn est une *offrande* d'action de grâce, c'est désormais insuffisant ; il n'est pas accepté par Dieu. Le sacrifice d'Abel est *expiatoire* et il va donc entrer dans la tradition divine comme ayant été accepté par Dieu.

Une Prophétie - On l'appelle le « Protévangile » ; en voici le texte. Dieu s'adresse au serpent après l'épisode de la tentation originelle : « *Je mettrai des inimitiés* (au pluriel dans le texte : *inimicitias*) *entre toi et la femme, entre ta postérité et sa postérité ; elle te brisera la tête et tu la mordras au talon.* » (Gen., III, 15). Aujourd'hui, cette prophétie s'est réalisée en partie ; nous savons que la postérité de la femme, c'est le Christ et nous en déduisons que la postérité du serpent, c'est l'AntéChrist. Dans les temps anciens, elle alimenta les méditations des hommes qui « marchaient avec Dieu », parce qu'elle résume l'histoire du monde ; beaucoup d'exégètes disent que cette prophétie a été donnée par Dieu pour soutenir l'espérance des premiers hommes, car elle formule l'espérance de la Rédemption.

Les « hommes justes », comme par exemple Job, ont médité pendant de longs siècles sur ces deux postérités, ces inimitiés, ce « brisement de tête, cette morsure au talon ». On peut dire que le Protévangile est la *pièce maîtresse* de la Tradition Primordiale.

LES ALTÉRATIONS PRÉDILUVIENNES DE LA TRADITION

L'Écriture donne, pour la période qui précéda le déluge, le nom de dix patriarches : Adam, Seth, Enos (ce fut sous le patriarcat d'Enos que « l'on commença à invoquer le nom de Yahveh », Gen., III, 26) Caïnan, Malaléel, Jared, Hénoch (qui « marcha avec Dieu et on ne le vit plus car Dieu l'avait pris », Gen., V, 24) Mathusalem, Lamech et Noé.

La Genèse ne dit pas s'ils ont contribué tous les dix à enrichir la Tradition Révélée. C'est certain pour trois d'entre eux : Enos, Hénoch et Noé. Mais pour les autres, nous ne savons rien. Nous ne sommes même pas sûrs qu'historiquement, pendant la période préduluvienne, il n'y ait eut que dix patriarches. Il en a peut-être existé d'autres, que l'Écriture ne mentionne pas, se contentant de nommer les principaux. Les archives profanes de l'humanité étant muettes sur ce sujet, et donc incapables de nous renseigner, force nous est de recourir aux archives religieuses, c'est-à-dire aux textes de la Bible qui eut au moins le mérite de nous révéler tout ce qui est nécessaire au salut.

Ce qui est certain aussi, c'est que l'humanité prédiluvienne s'est attiré de la part de Dieu de très graves reproches. Il est bon de voir comment ils ont été formulés :

> « *Yahweh vit que la méchanceté des hommes était grande sur la terre et que toutes les pensées de leur cœur se portaient chaque jour uniquement vers le mal* » (Gen., VI, 5). *Un peu plus bas :* « *Or, la terre se corrompit devant Dieu et se remplit de violence. Dieu regarda la terre et voici qu'elle était corrompue, car toute chair avait corrompu sa voie sur la terre. Alors Dieu dit à Noé :*
>
> « *La fin de toute chair est venue devant Moi car la terre est pleine de violence, à cause d'eux* » (Gen., VI, 11-13).

Donc, une remontrance générale : « les pensées de leur cœur tournées chaque jour uniquement vers le mal », et deux précisions seulement : « corruption et violence ». C'est peu pour nous décrire l'état de la Tradition, mais c'est suffisant pour nous convaincre qu'il n'y avait plus ni Tradition ni Religion.

Au sujet de Noé, au contraire, il est dit ceci :

« *Mais Noé trouva grâce aux yeux de Yahveh. Voici l'histoire de Noé. Noé était un homme juste, intègre parmi les hommes de son temps ; Noé marchait avec Dieu* » (Gen., VI, 8-9).

Là aussi, l'Écriture dit peu, mais elle contient beaucoup ; comme d'habitude. « Noé marchait avec Dieu », cela signifie qu'il pratiquait intégralement la Religion Révélée telle qu'il l'avait reçue. On est donc en droit de penser qu'il connaissait la Tradition Primordiale et ses quatre composantes essentielles : Un Dieu, une Loi, un Culte et une Prophétie. Il était le seul à l'avoir conservée et c'est cette Tradition-là qu'il va transmettre à ses descendants après le déluge.

LE CONTENU DE LA TRADITION NOACHIDE

On appelle « Noachide » tout ce qui se rapporte à Noé, car en hébreu Noé se dit Noach. La tradition noachide est donc la tradition telle que Noé l'a laissée à ses descendants, après le déluge. Quel pouvait en être le contenu ?

Tout d'abord elle contient la Tradition Primordiale et les quatre composantes que nous venons de rappeler.

Elle contient aussi la relation des paroles que Noé a entendu de la bouche de Dieu avant le déluge, paroles qui dévoilent le motif de la condamnation du genre humain à ce châtiment.

La tradition noachide va également contenir le discours de Dieu à la sortie de l'Arche, discours qui appartient évidemment à la Révélation et qui contient ce qu'on appelle les « *Préceptes Noachides* ». Énumérons les principaux :

1 - Soyez féconds, multipliez et remplissez la terre ;
2 - Je vous donne les animaux en nourriture comme Je vous avais donné l'herbe verte ;
3 - Quiconque aura versé le sang de l'homme, par l'homme son sang sera versé, car Dieu a fait l'homme à Son image.
4 - J'établis mon alliance avec les hommes et Je mets mon arc dans la nuée...

5 - Il n'y aura plus de déluge pour ravager la terre.

Noé édifie un autel et offre à Dieu un sacrifice sanglant comme l'avait fait Abel. Il transmet donc le culte primordial de type expiatoire.

Toutes ces raisons permettent d'affirmer que la Tradition Primordiale est rappelée, restaurée et même enrichie. C'est cette Tradition enrichie qui doit, dans le dessein de Dieu, guider le repeuplement de la terre.

Tel est le régime de cette première *Alliance* (celle qui nous est rappelée par l'arc-en-ciel) : la volonté de Dieu étant que la Religion primordiale soit la Religion universelle.

LA TRADITION PROFANE

Nous sommes amenés à nous poser une question. La Tradition qui est parvenue jusqu'à l'humanité post-déluvienne, celle donc de la période noachide, ne contient-elle que les composantes d'ordre religieux que nous venons d'énumérer ? Est-ce que des éléments profanes et plus spécialement cosmologiques ne s'y sont pas mêlés ?

C'est probable bien que nous n'en ayons aucune preuve positive. Seulement, comme nous allons voir ressurgir de telles notions après la dispersion babélienne, nous sommes bien obligés de nous demander d'où ils proviennent.

La source à laquelle on pense d'emblée est évidemment la science infuse d'Adam. Dieu lui avait fait ce don de la science infuse dans son état de perfection primitive. Et il est bien évident qu'Il l'en a privé lors de son éviction du Paradis Terrestre. Seulement Adam n'a pas oublié ce qu'il avait su, de sorte qu'il a pu transmettre à ses descendants bien des connaissances que nous appellerions aujourd'hui cosmologiques. Ces connaissances primitives n'étaient donc pas positivement révélées. Elles étaient aussi d'un ordre inférieur aux connaissances religieuses issues de la Révélation.

Quel pouvait être le contenu de cette tradition profane ? On est réduit à des conjectures mais enfin on peut penser qu'elle véhiculait des notions comme, par exemple, le symbolisme des quatre éléments constitutifs de la création matérielle : *la terre, l'eau, l'air et le feu*. Elle transmettait aussi des notions de chronologie, actuellement encore dits « traditionnel », comme la semaine septénaire, *les douze signes du Zodiaque* qui forment le cadre des douze mois de l'année.

Il s'y mêla certainement aussi toute une sagesse purement humaine, née de l'expérience et de la réflexion, des adages coutumiers, des souvenirs historiques, tout cela formulé avec plus ou moins de lyrisme.

Ainsi le même mot de « Tradition » recouvre-t-il deux courants parallèles ou plutôt superposés.

Le courant supérieur est la Tradition Primordiale proprement dite, c'est-à-dire la partie religieuse. On n'y trouve que des éléments révélés. C'est la partie spirituelle, traitant d'un Dieu à la fois juste et bon, d'une loi difficile à suivre, d'un culte difficile à pratiquer, d'une prophétie difficile à comprendre. C'est la partie spirituelle du courant traditionnel, mais aussi celle qui aura, historiquement, le plus de tendance à se sublimer, à s'évaporer, à tomber en désuétude, du fait précisément de ses difficultés.

Le courant inférieur est la tradition profane. Elle mérite ce nom de tradition par son mode de propagation oral ; mais elle a un contenu tout à fait différent. Elle véhicule des notions plus humaines, moins élevées, plus pratiques. Elle va éclipser et effacer la Tradition religieuse et l'emporter sur elle ; l'histoire va le prouver.

La différence entre ces deux courants traditionnels est résumée par une formule déjà ancienne : la tradition cosmologique enseigne *comment va le ciel,* tandis que la Tradition religieuse enseigne *comment on va au Ciel.*

LA GRANDE BIFURCATION

La ligne droite des jalons traditionnels fut abandonnée à un certain moment de l'histoire ancienne, par un immense cortège, bien plus, par la presque totalité du genre humain. La grande bifurcation se produisit au moment de l'épisode de la Tour de Babel. Cet épisode, qui est donc très important, demande à être examiné avec attention dans le texte biblique. La narration n'est pas longue puisqu'elle ne contient que neuf versets (Gen. XI, 1-9).

Les circonstances générales sont laconiquement exprimées :

« *La terre n'avait qu'une seule langue et les mêmes mots. Étant partis d'Orient, ils trouvèrent une plaine dans le pays de Sennaar et ils s'y établirent* ».

Ainsi, parvenus dans cette plaine, les hommes procèdent à une importante innovation technique. Ils confectionnent des matériaux nouveaux :

« *Ils se dirent entre eux, Allons, faisons des briques et cuisons-les au feu. Et ils se servirent de briques au lieu de pierres et de bitume au lieu de ciment* ».

Ces détails matériels ont leur intérêt, mais négligeons-les pour arriver à l'essentiel.

Un seul verset suffit à l'écrivain sacré pour définir le projet d'édification d'une ville nouvelle, sous un statut nouveau :

« *Ils dirent encore, Allons, bâtissons-nous une ville et une tour dont le sommet atteigne le ciel ; et célébrons notre nom avant que nous ne soyons dispersés sur l'universalité des terres* ».

Tel est le fameux grand dessein de Babel. Il tient en peu de mots, mais nous allons voir qu'il est lourd de conséquences.

À première vue cependant, et si l'on se contente d'une lecture rapide, les hommes de Babel ne semblent pas méditer un dessein criminel, au contraire : ils se proclament heureux de leur unité et font tout pour la conserver. Quoi de plus louable ?

Mais la concision biblique résume un projet en réalité très vaste ; c'est un véritable plan de civilisation ; il engage l'avenir à longue échéance ; c'est un grand tournant qui est pris.

Allons-nous retrouver dans ce plan les éléments constitutifs de la Tradition Primordiale transmise par Noé sous sa forme noachide ? Si elle a été fidèlement perpétuée, c'est elle qui devrait inspirer le projet. On devrait pouvoir y reconnaître non seulement les quatre composantes de la Révélation Primitive, mais aussi quelques traces des préceptes noachides. Or, précisément, nous n'en retrouvons pas le moindre vestige.

Il n'y est pas question de *Yahveh*, auquel pourtant Noé avait offert un holocauste. Nous devons constater cependant que les hommes de Babel sont animés d'un incontestable zèle religieux, puisqu'ils veulent que la tour atteigne le ciel. Mais justement, ils parlent du *ciel, terme neutre*, et non plus de *Yahveh, Dieu personnel*. Nous dirions aujourd'hui qu'ils sont théistes ou panthéistes. Bien plus, la tour atteint le ciel, mais pour qui est-elle édifiée ? Le texte le dit : « *Faciamus Nobis turrim* ». Elle est faite pour les hommes. N'est-ce pas déjà ce que nous nommerions l'anthropocentrisme religieux. Ce qui est certain c'est qu'il n'est plus question de Yahveh.

La loi naturelle, inscrite au cœur de l'homme, n'est évidemment pas mentionnée dans le projet de Babel. Mais cela se comprend puisqu'elle est encore tacite et qu'elle n'a pas encore été promulguée article par article comme elle le sera au Sinaï.

Le culte expiatoire est totalement absent des préoccupations babéliennes. Il faisait pourtant partie intégrante de la Tradition, ce sacrifice expiatoire. Noé l'avait transmis, venant d'Abel, à la sortie de l'arche, puisqu'il avait construit un autel pour son holocauste. Maintenant, il n'est pas question d'un autel, mais d'une tour. Cette tour est une manifestation de religiosité, c'est certain, mais *d'une religiosité* dans laquelle Dieu n'a plus de part et qui prend singulièrement le chemin de devenir « *métaphysique* ». On se demande même invinciblement si une tour si haute ne correspond pas à une idée de défi et si son but véritable ne serait pas de narguer Dieu.

La prophétie des deux postérités, que l'on appelle de Protévangile, est absente elle aussi. Ils ne parlent plus de maintenir une ligne droite en dépit des contestations. Ce qui les occupe, c'est l'union. Pourquoi cela ? Parce que l'une des deux postérités a disparu ; elle ne compte plus ; il n'y a plus lutte mais unité. La cité que l'on construit deviendra la capitale de l'humanité une et indivisible. La « postérité de la femme » est éclipsée.

Bref, on est frappé par le modernisme des conceptions de Babel religiosité œcuménique, culte sans autel, cité humanitaire. La Religion révélée a complètement disparu. À sa place, les hommes proposent ce que nous appellerions l'anthropocentrisme : « *faciamus nobis civitatem, celebramus nomen nostrum* ». Faisons-nous une cité, célébrons notre nom.

Voilà donc la Tradition Primordiale oblitérée pour la deuxième fois. Et cette deuxième oblitération aurait été aussi grave que celle qui justifia le déluge si Dieu n'était pas intervenu pour mettre fin à l'expérience babélienne.

« Mais le Seigneur descendit pour voir la cité et la tour qu'édifiaient les fils d'Adam, et Il dit : « *Voici un peuple unique et une langue unique pour tous ; ils ont commencé à faire cela et ils n'abandonneront pas leur dessein tant qu'ils ne l'auront pas réalisé* » (Gen., XI, 6)

Dieu prévoit donc que les principes sur lesquels est fondé le grand dessein en cours d'exécution aboutiront à des conséquences détestables. Maintenant qu'ils ont commencé, ils ne s'arrêteront plus.

Mais alors essayons de discerner à quelles extrémités le plan babélien aurait abouti. C'est évidemment au profit de la postérité du serpent que l'unanimité s'était faite au pied de la tour en construction. La postérité de la femme se terrait. Dès lors la finalité immanquable de la cité ne pouvait être que « le pouvoir de la Bête ». Pouvoir sous lequel l'humanité entière aurait été obligée de vivre jusqu'à la fin des temps ; nous y serions encore.

Voici la suite de la délibération divine, délibération qui est marquée par le pluriel :

« *Venez donc. Descendons et confondons ici même leur langue, de sorte que chacun ne comprenne plus la voix de son voisin. C'est ainsi que le Seigneur les dispersa, de ce lieu, sur l'ensemble de la terre, et ils cessèrent de construire la cité. Et ce lieu reçut le nom de Babel* (« confusion ») *parce que c'est là que le langage commun de la terre a été confondu ; c'est aussi de là que le Seigneur les dispersa sur la surface de toutes les régions »*. (Gen., XI, 8-9).

Ce qui frappe ici, c'est la volonté clairement exprimée, et aussi pesante, de Dieu d'entraver à tout prix l'entreprise en cours. C'est Lui qui confond à dessein les langues. C'est Lui qui disperse délibérément les nations. Il y a une religion dont Dieu ne veut pas et une unité dont Dieu ne veut pas.

Notons aussi que Dieu a opéré directement, donc miraculeusement, c'est-à-dire sans passer par les causes secondes. En effet, Il a agi par miséricorde. Comment cela ? Nous savons maintenant, par l'Apocalypse, que Dieu accordera un pouvoir universel à la Bête en vertu de sa victoire sur les hommes par la tentation ; ce pouvoir lui est dû en toute justice ; donc Dieu qui est juste envers toutes les créatures le lui donnera. Mais ce pouvoir ne durera qu'une très courte période et à la fin des temps seulement : c'est ce que l'on appelle les tribulations de l'Antéchrist. L'intervention de Dieu à Babel a été une miséricorde puisqu'elle a épargné à l'humanité des siècles passés sous la puissance de la Bête.

Nous connaissons maintenant l'état de la tradition au moment de la dispersion. Toute sa partie révélée et religieuse a disparu. De quoi se compose donc le patrimoine commun que les nations vont emporter, chacune sur son continent ? Ce patrimoine commun comprend d'abord *l'anthropocentrisme* et *la religiosité* que nous venons de décrire. Il comprend aussi la *tradition profane* et cosmologique héritée de très longue date et qui s'est propagée par la même voie traditionnelle, parallèlement à la Tradition Primordiale révélée.

Un homme, cette fois encore, a fait exception et n'a pas subi la contagion de l'idéologie babélienne. C'est le patriarche Héber, l'ancêtre éponyme des Hébreux, l'un des aïeux d'Abraham. Éponyme signifie « qui met son nom sur ».

On lit dans « *Les Patriarches* », par Dom de Monléon, en note du premier chapitre, ceci : « Si nous en croyons une tradition qui a pour elle l'autorité de saint Augustin (*Cité de Dieu* I-XVI-II), de saint Éphrem et de bien d'autres, Héber n'aurait pas pris part à la construction de la tour de Babel. À cause de cela, lui et les siens conservèrent la langue originelle de l'humanité (qui, au sentiment des anciens, était la langue hébraïque) et méritèrent de devenir le peuple choisi de

Dieu ». Héber a joué, dans la tourmente de Babel, le même rôle que Noé dans celle du déluge.

LA NOUVELLE STRATÉGIE

On sait que le genre humain était placé sous le régime des « *inimitiés* » en vertu du décret prononcé par Dieu à la sortie du paradis terrestre. Il devait donc toujours y avoir des « Abel » et des « Caïn », vivant côte à côte, dans l'attente du triomphe de la « postérité de la femme » qui devait écraser « la tête du serpent ». Tel était le régime. La Religion du Vrai Dieu était universelle, quoiqu'universellement combattue. Aucun décret divin n'avait encore établi de « Peuple élu ». C'était le régime de la première *Alliance*.

Or, voici maintenant la deuxième fois que la Religion révélée subit une dégradation complète : la première avant le déluge, la seconde avant Babel. Une parole de Notre-Seigneur devient invinciblement à la mémoire « Jérusalem, que de fois J'ai voulu rassembler tes fils comme la poule rassemble sa couvée sous ses ailes et tu n'as pas voulu » (Luc, XIII, 34). On voit que le même reproche avait déjà été encouru, à deux reprises, par l'humanité entière, bien longtemps auparavant.

Après la dispersion des nations, on voit Dieu prendre lentement toutes les dispositions nécessaires pour une nouvelle stratégie. Cette dispersion, en effet, évite l'incrustation du mal, mais elle ne restaure pas la Tradition. Certes la postérité du serpent n'a plus de capitale civile et religieuse puisque Babel est déserté, mais elle domine partout d'une manière diffuse.

C'est Dieu maintenant qui va construire sa propre citadelle pour y maintenir et y concentrer sa propre religion. Elle y sera conservée, dans une situation défensive, jusqu'au grand moment de la « Vocation des Gentils » où elle en sortira pour conquérir le monde : *« Vous, vous adorez ce que vous ne connaissez pas ; nous, nous adorons ce que nous connaissons, car le salut vient par les juifs »* (Jean, IV, 22).

Le corollaire obligé de la confusion et de la dispersion babélienne, c'est la vocation d'Abraham. Il n'y a plus d'autre moyen, pour perpétuer la Vraie Religion, que de constituer un peuple-citadelle qui en soit le gardien. Mais de quoi ce peuple serait-il le gardien, s'il n'y a plus rien à garder ? Or, l'apostasie est générale et irréversible, il n'y a donc plus rien à garder. Il faut donc que Dieu reconstitue, en même temps, la Tradition Primordiale ; il faut procéder à une nouvelle

Révélation qui sera la répétition de la première, il faut tout refaire de rien. Patiemment Dieu, de nouveau, se révèle à Abraham, Isaac et Jacob, en vue de reconstituer la Tradition perdue.

Nous avons vu qu'au plus fort de l'apostasie babélienne, un homme faisait héroïquement exception : c'était Héber. Pendant la période qui suivit la vocation d'Abraham, et avant Moïse, on trouve aussi une exception analogue, c'est « le saint homme Job ». Il savait beaucoup de choses, par exemple ceci : « *je sais que mon Rédempteur* (« Redemptor » dans le texte de la Vulgate) *est vivant et qu'Il paraîtra au dernier jour sur la terre...* « (Job, XIX, 25).

Où Job est-il donc allé chercher cette espérance en un Rédempteur, sinon dans le Protévangile que la Tradition Primordiale, oubliée de tous, avait apporté jusqu'à lui. Néanmoins, ce ne fut pas Job que Dieu choisit pour devenir l'ancêtre du Peuple élu, parce qu'il n'était pas juif. On donne en général au livre de Job une date antérieure à celle de la Genèse.

La reconstitution de la Tradition Primordiale

C'est Moïse qui va être chargé de recueillir la Révélation nouvelle par laquelle Dieu reconstitue la Tradition Primordiale oubliée. Mais, cette fois, la Révélation est consignée par écrit : c'est l'*Écriture Sainte*. En même temps, une organisation sacerdotale est créée, qui veillera entre autres fonctions, à la conservation littérale de l'Écriture. Et les générations futures n'auront qu'à se louer de la rigueur avec laquelle cette conservation sera réalisée.

Nous connaissons donc aujourd'hui la Tradition Patriarcale, non pas directement et oralement, mais par l'Écriture. Comment savons-nous ce que Dieu a dit à Adam, puis à Noé ? Ce n'est certes pas par la Tradition puisqu'elle a été altérée et même oubliée. C'est pas l'Écriture. Ceux donc qui n'adhèrent pas à l'Écriture, comme c'est le cas des hindouistes, ne connaissent de la Tradition que ce qui en subsistait à Babel, c'est-à-dire la partie profane, cosmologique et récente ; la partie qui est sans valeur pour le salut ; c'est d'ailleurs pour cela qu'ils ignorent le *salut* et qu'ils le remplacent par la *délivrance*.

Moïse a-t-il connu des vestiges de la Tradition Primordiale semblables à ceux que nous venons de découvrir chez Job ? C'est vraisemblable. Mais ce qui est certain, en tous cas, c'est que Dieu, par une inspiration explicite, a comblé des lacunes irréparables et a reconstitué des archives religieuses que l'humanité avait été incapable de transmettre.

S'il est au monde, aujourd'hui, une institution capable précisément de parler de la Tradition Primordiale et d'en présenter le contenu, c'est l'Église. Il n'y en a pas d'autres.

Quand l'hindouisme dit : « L'Église a oublié la Tradition ; c'est nous qui l'avons conservée », il se trompe. C'est exactement le contraire, en réalité. Toutes les religions païennes (et pas seulement l'hindouisme) ont quitté la ligne droite des jalons traditionnels *avant Abraham et avant l'Écriture*. Elles ne possèdent donc, de la Tradition, que la version babélienne dont, justement, Dieu n'a pas voulu.

La supériorité de la tradition païenne (hindouiste ou hermétiste) sur la Tradition apostolique est une affirmation sans fondement. Mais elle est répétée avec une telle assurance et par des haut-parleurs si puissants, qu'elle couvre toute autre parole et passe communément pour une vérité évidente.

Chapitre III

LA MÉTAPHYSIQUE DE R. GUENON

- Brahma, le Principe Suprême - Ishwara, le Dieu semi-personnel - La Trimurti, ou la Pseudo-Trinité - La Manifestation - Métaphysique et Religion

Après avoir exposé les grandes lignes de la *Tradition hindouiste* telle que la présente R. Guénon dans l'ensemble de ses œuvres, puis celles de fa *Tradition Primordiale* telle que la perpétue jusqu'à nos jours la *Tradition Apostolique* dont l'Église est gardienne, et après avoir constaté ainsi que ces deux traditions sont incompatibles si non même antagonistes, nous allons examiner aujourd'hui, toujours dans ses grandes lignes puisque nous ne pouvons pas entrer dans des détails pourtant intéressants, la doctrine métaphysique de R. Guénon.

Elle est développée surtout dans l'ouvrage intitulé « *Introduction Générale à l'Étude des Doctrines Hindoues* », publié en 1930. Mais on en trouve aussi des éléments dans « L'Homme et son devenir selon le Védanta » et dans « Le Règne de la Quantité ». Néanmoins, c'est cette doctrine métaphysique qui constitue, explicitement ou implicitement, le fond commun de toute son œuvre ; on peut dire qu'elle en commande toutes les parties.

Cette doctrine fondamentale est ce que nous appelons *l'hindouisme*. Mais R. Guénon lui donne aussi deux autres noms :

« La tradition hindoue tout entière est essentiellement fondée sur le *Vêda* ; on pourrait donc l'appeler *védisme* ; et le nom de *Brahmanisme lui* convient également à toutes époques ; ce n'est que le développement de la doctrine contenue en principe dans le Vêda, mot qui signifie d'ailleurs proprement la connaissance traditionnelle par excellence ». (Int. Et. Doc. Hind., III*. partie, chapitre I).

BRAHMA, LE PRINCIPE SUPRÊME

Au sommet de la hiérarchie divine, se situe *Brahma* qui est le Principe Suprême absolument universel et absolument indéterminé. Il est exempt de toute caractéristique ; il n'a aucune attribution positive et il est au-delà de toute qualification, au-delà de toute distinction. Il est l'Unité absolue. Brahma est le siège de *tous les possibles non-manifestés.* Il est à la fois l'ÊTRE et le NON-ÊTRE. Il transcende à la fois la matière et l'esprit, étant le principe commun à l'un et à l'autre.

Deux remarques s'imposent pour la bonne compréhension de la suite. D'abord, le mot « *Brahma* », quand il désigne le Principe Suprême, s'écrit au genre neutre et sans accent circonflexe ; nous en rencontrerons un autre qui aura une orthographe et un sens différents. Ensuite, la Création Universelle porte, dans le Védisme, le nom de *manifestation,* appellation tout à fait logique puisque la manifestation n'est pas créée *ex nihilo* ; elle est donc bien une manifestation, parmi une infinité d'autres également possibles, du Principe Suprême.

R. Guénon répond ensuite à une question que l'on se pose immanquablement : Brahma doit-il être conçu comme un Dieu personnel ou comme une entité abstraite ?

« Au point de vue métaphysique, il faut dire que ce Principe est à la fois impersonnel et personnel, suivant l'aspect sous lequel on l'envisage : impersonnel, ou si l'on veut, *supra-personnel* en soi ; personnel par rapport à la manifestation universelle, mais bien entendu sans que cette « personnalité » divine présente le moindre caractère *anthropomorphique* ». (Int. Et. Doc. Hind., chapitre III).

Il faut reconnaître que ce qui domine de beaucoup, dans la description de cette première entité divine, ce sont les caractères impersonnels et métaphysiques. Si une certaine personnalité y est incluse, c'est à titre *de possible*. De plus, on nous dit que la supra-personnalité (virtuelle et éventuelle d'ailleurs) de Brahma n'est surtout pas semblable à celle de l'homme ; et en effet nous verrons par la suite que s'il y a « personnalité », elle est plutôt du type angélique.

Voici quelques notations concernant Brahma, recueillies dans l'ensemble des œuvres de R. Guénon

« La manifestation universelle toute entière est rigoureusement nulle au regard de son infinité »

« Brahma est *actif,* mais en principe seulement, donc *non-agissant,* car cette activité ne lui est pas essentielle et inhérente, mais n'est pour lui qu'éventuelle et contingente » (Int. Et. Doc. Hind.).

« Brahma est *sans dualité* et, hors de lui, il n'est rien, ni manifesté ni non-manifesté. Le monde, en entendant par ce mot la manifestation universelle, ne peut se distinguer de Brahma qu'en mode illusoire, tandis que, par contre, Brahma est absolument distinct de ce qu'il pénètre ».

« Le Suprême Brahma est non-qualifié dans sa totale infinité, comprenant à la fois l'Être (ou les possibilités de manifestation) et le Non-Être (ou les possibilités de non-manifestation). Il est donc principe de l'un et de l'autre, au-delà de tous les deux, en même temps qu'il les contient également ». (*L'Homme et son devenir selon le Vedanta*, ch. XXI).

R. Guénon ne révèle pas quelle fut l'origine *historique* d'une telle théodicée. Il se contente de dire qu'elle est contenue dans le Vêda et que par conséquent elle appartient à la plus antique tradition. Mais il en donne une explication philosophique. Il reprend un très vieil axiome que l'on trouve déjà chez les plus anciens philosophes, à savoir : « *Tout ce qui existe est limité* ». On ne peut que souscrire à cet axiome ; mais c'est la suite qui est moins évidente.

Le Védisme, qui n'adhère pas à la Révélation et qui, donc, n'accepte pas l'idée d'un Dieu faisant exception à cette règle, devient prisonnier de sa logique. Tout ce qui existe est limité ; or, Dieu existe, on ne saurait en douter ; il faut donc que ce Dieu, forcément existant, soit forcément limité. Mais alors l'esprit humain ne peut pas se contenter d'un tel Dieu.

Il faut donc de toute nécessité un Dieu illimité (nous dirions infini) que l'on placera au-delà de toute existence pour sauvegarder son infinité : d'où Brahma, Principe absolu et universel, transcendant à la fois l'Être et le Non-Être, et siège de tous les possibles non-manifestés.

Tout chrétien comprendra qu'un tel Dieu n'est pas du tout celui de sa Religion : le Dieu d'Abraham, d'Isaac et de Jacob qui s'est révélé lui-même en disant : « *Ego sum qui sum* » (Je suis Celui qui suis).

Le vrai Dieu est à la fois existant et infini. La définition que l'on fait apprendre aux enfants du catéchisme est également valable pour les plus subtils métaphysiciens : « Dieu est un *Être* infiniment bon et infiniment parfait, créateur et souverain maître de toutes choses ».

ISHWARA, LE DIEU SEMI-PERSONNEL

Immédiatement au-dessous de Brahma, vient une seconde entité divine : *Ishwara*, dont le rôle est finalement assez facile à comprendre. Alors que Brahma était le siège de tous les possibles non manifestés, Ishwara contient seulement une possibilité unique, celle de la manifestation actuelle, l'univers dans lequel nous vivons. Ishwara contient la manifestation à titre de virtualité. Il est la possibilité immédiate de manifestation. Alors que Brahma contient virtuellement tous les mondes, Ishwara ne contient virtuellement encore, que le nôtre.

Ishwara participe encore à la nature de Brahma puisqu'il n'est encore que virtualité. Mais en même temps, il appartient déjà, partiellement au moins, à la manifestation puisque, s'il ne la fait pas venir à l'existence, il la contient tout de même en puissance.

Ishwara possède donc un moindre degré d'universalité que Brahma. René Guénon dit que « Ishwara est qualifié, c'est-à-dire conçu distinctement ». Cette entité divine est apte à recevoir des attributs divins ; mais elle ne les contient encore qu'à titre de possibilités.

Ishwara n'est pas individualisé. Il constitue à lui seul une *manifestation informelle.*

« Ishwara, sans être individualisé lui-même, appartient aux êtres individuels, auxquels il communique la possibilité de participation aux attributs divins, c'est-à-dire à la nature

même de l'Être universel, principe de toute existence ».
(*L'Homme et son devenir selon la Védanta*, ch. VII).

En soi Ishwara est indépendant de toute manifestation, dont il est cependant le principe, étant *l'Être Suprême*. *(*L'Homme et son devenir... - chapitre X).

« Le terme sanscrit qui peut être traduit le moins inexactement par *Dieu n'est* pas Brahma mais *Ishwara* » (*L'Homme et son devenir...*, ch. I).

R. Guénon attribue à Ishwara la *Personnalité Divine*, disant qu'il est la personnification de Brahma. Mais il fait à ce sujet la même remarque que pour la supra-personnalité de Brahma : pas question d'attribuer à la « Personne » d'Ishwara la moindre trace d'anthropomorphisme.

Ishwara est l'ordonnateur de la manifestation :

« tout en demeurant lui-même *non agissant* dans la plénitude de son activité principielle. » (*L'Homme et son devenir...*).

Voilà donc une entité divine dont l'essentiel est de constituer un *intermédiaire* entre le Principe Suprême et la manifestation. Mais alors nous sommes tentés de lui attribuer un rôle démiurgique, c'est-à-dire le rôle d'un agent organisateur de la *materia prima*. Mais R. Guénon s'y oppose en faisant remarquer que, dans son système, il n'existe pas de *materia prima* au sens où elle existe dans les systèmes dualistes. La métaphysique védique est *non-dualiste*, puisque la matière et l'esprit ne sont pas indépendants ; et ils ne sont pas indépendants puisqu'ils relèvent tous deux d'un Principe Suprême commun.

LA TRIMURTI OU LA PSEUDO-TRINITÉ

Descendons encore d'un degré dans l'échelle des entités divines et rapprochons-nous de la manifestation.

« Ishwara est envisagé sous une triplicité d'aspects principaux qui constituent la *Trimurti ou* Triple Manifestation ». (Int. Et. Doc. Hind., IIIè partie, chapitre VII).

Les trois nouvelles entités divines que nous allons décrire maintenant appartiennent à la manifestation. Ces trois dieux appartiennent pleinement à l'ordre de l'existence. Mais alors ils sont limités, en vertu du fameux principe selon lequel « tout ce qui existe est limité ». Ces trois dieux sont Brahmâ, Vishnu et Shiva.

Brahmâ est le premier élément de la Trimurti. Mais ce nouveau Brahmâ est au genre masculin et s'écrit avec un accent circonflexe sur le dernier â. Car il ne s'agit plus du Brahma (au neutre et sans accent) que nous avons rencontré comme principe suprême. Ce Brahmâ, au masculin, est le *Principe producteur* de tous les êtres qui constituent la manifestation. Il est le reflet, dans la nature physique, du Suprême-Brahma de la métaphysique.

À première vue, on pourrait le considérer comme l'équivalent du *Père Créateur* de la théologie chrétienne. Mais ce serait un Père Créateur d'une espèce bien particulière puisqu'il viendrait en troisième échelon et qu'il aurait à compter, au-dessus de lui, d'abord avec Ishwara, Être Suprême semi-personnel, puis avec Brahma au neutre, Principe Suprême absolument métaphysique.

Le deuxième élément de la Trimurti est *Vishnu* qui est le reflet d'Ishwara en tant que principe animateur et *conservateur* des êtres de la manifestation. Si l'on voulait poursuivre l'analogie de la Trinité chrétienne, on pourrait voir, dans Vishnu, le Fils Rédempteur. Mais la comparaison ne pourrait pas aller au-delà des apparences purement formelles, Vishnu étant membre d'une trinité qui est loin d'être souveraine.

Le troisième élément de la Trimurti Védique est *Shiva* qui est un autre reflet d'Ishwara en tant que principe *transformateur* de la manifestation. Or, au cours de toute transformation, il se produit une phase destructive où l'ancien état de choses est anéanti afin de laisser la place au nouveau. On comprend que Shiva soit devenu, dans l'opinion populaire, le principe *destructeur* qu'il est si facile de voir à l'œuvre dans la nature. On pourrait, là aussi, voir une certaine parenté entre Shiva et le Saint Esprit Sanctificateur du Christianisme. C'est encore dans ce cas que la comparaison serait la moins invraisemblable, attendu que toute sanctification exige une phase préliminaire de mortification. Mais une Trimurti qui vient au troisième degré de subordination ne saurait être utilement comparée à la Trinité souveraine.

René Guénon fait remarquer que, dans l'Hindouisme tel qu'il est effectivement pratiqué en Inde, ces trois divinités, Brahmâ, Vishnu et Shiva, ont fait l'objet, chacune prise en particulier, de dévotions populaires. Les uns honorent plus spécialement Vishnu dont l'action conservatrice et stabilisatrice leur procure un certain réconfort. Les autres se consacrent à Shiva qui facilite le perfectionnement personnel.

Si bien que les observateurs superficiels ont pu parler du Brahmanisme, du Vishnuisme et du Shivaïsme comme étant des religions séparées et cela avec d'autant plus de vraisemblance que ces dévotions ont chacune leur public particulier. Le Vishnuisme donne beaucoup d'importance aux rites extérieurs. Il est plus populaire et plus répandu que le Shivaïsme lequel, parce qu'il donne la prépondérance à la transformation, favorise l'ascétisme et la vie contemplative.

R. Guénon fait remarquer avec insistance, et il doit avoir raison, qu'il ne s'agit pas de religions distinctes, car une seule et même métaphysique sous-tend toutes les dévotions. L'élite de l'hindouisme professe au contraire, l'unité du Principe Suprême qui est commun, plus ou moins ouvertement, plus ou moins secrètement, à ces diverses pratiques dévotionnelles, lesquelles n'ont qu'un seul et même code traditionnel, le Véda.

LA MANIFESTATION

La doctrine védique, nous l'avons vu, donne le nom de *manifestation* à ce que nous nommons la *Création*. La manifestation est le siège d'une dualité fondamentale :

« Il faut partir ici de la première de toutes les dualités cosmiques, de celle qui est au principe même de l'existence ou de la manifestation universelle. Cette dualité est celle de *Purusha* et de *Prakriti*, suivant la doctrine hindoue, ou pour employer une autre terminologie, celle de l'essence et de la substance ». (*Le Règne de la Quantité*, chapitre I).

Prakriti est la *substance universelle*, indifférenciée et non-manifestée en soi, mais dont toutes choses procèdent par modification. Cette substance, universelle est constitutive de tous les êtres différenciés, même des êtres spirituels. Par exemple, la conscience individuelle participe de Prakriti en tant que cette. conscience est une substance spirituelle. C'est évidemment aussi Prakriti qui constitue la substance fondamentale des cinq éléments matériels : l'éther, l'air, le feu, l'eau et la terre.

Il existe, dans la doctrine hindoue, un principe complémentaire à Prakriti. Ce principe, c'est *Purusha*, que l'on peut appeler l'essence :

« Toutes les choses manifestées sont produites par Prakriti. Mais, sans la présente de Purusha, ces productions n'auraient qu'une existence purement illusoire ». (Int. Et. Doc. Hind., IIIè partie, Chapitre XI).

C'est donc Purusha qui met en forme la substance universelle constituée par Prakriti. Purusha permet à Prakriti de se différencier et de donner naissance à des êtres individuels. Tels sont les deux *pôles* de la manifestation : la substance et l'essence.

Cette division bipolaire est assez déroutante pour notre mentalité occidentale. Toute notre philosophie est marquée, heureusement d'ailleurs, par les conceptions qui proviennent, en définitive, de la Genèse : « Au commencement, Dieu créa le ciel et la terre ». Le ciel, c'est-à-dire le monde des esprits, et la terre, c'est-à-dire le monde des corps. Les deux constituants que nous avons l'habitude de distinguer dans la création sont l'esprit et la matière. Reconnaissons que nous y avons été aidés par la Révélation.

Les deux pôles de la manifestation hindoue ne sont pas les mêmes. Purusha, qui est l'essence, ne se confond pas avec l'esprit : c'est seulement l'agent qui permet l'individualisation des êtres ; c'est l'agent qui constitue les « essences » particulières.

De son côté, Prakriti, qui est la substance universelle, ne peut pas être assimilé à la matière telle que nous l'entendons, puisque Prakriti, comme nous l'avons vu, est constitutif même de la conscience individuelle. Prakriti est donc aussi bien la substance spirituelle que la substance matérielle.

Nous sommes déroutés, pauvres occidentaux, par ces doctrines dont les concepts présentent tantôt des points de coïncidence avec les nôtres, tantôt des points de divergence. Nous le sommes aussi parce qu'elles insistent plus sur

l'union des contraires que sur leur distinction. Par exemple, comment ne pas être étonné quant R. Guénon qui vient d'exposer le bipolarisme de la manifestation, s'empresse de faire remarquer que cette division bipolaire n'affecte en rien le caractère *non dualiste* de la métaphysique hindoue : en effet, dit-il, Prakriti et Purusha ont un principe commun d'ordre universel dans lequel ils sont également contenus. Le principe universel, nous le connaissons, c'est Brahma, le Principe Suprême.

Ici, nous ne pouvons pas manquer de nous poser une question le système métaphysique de R. Guénon est-il panthéiste ? Lui-même repousse cette accusation qui le gêne évidemment beaucoup s'il veut, comme il le répète souvent, se superposer au catholicisme, sans s'y opposer. Cependant, nous pouvons remarquer que la transcendance du Principe

Suprême n'est jamais exprimée clairement. De plus, la notion de *création ex nihilo*, bien qu'admise verbalement, n'est pas définie correctement. Cette question du panthéisme, qui serait ou non inclus dans la tradition hindouiste, demande à être traitée séparément.

MÉTAPHYSIQUE ET RELIGION

R. Guénon pratique une métaphysique qui ne répond pas à la définition ordinaire. Il s'en explique d'ailleurs. Nous devons bien comprendre sa définition, car elle est, sur certains points, voisine de celle de la Religion et sur d'autres points, elle s'en écarte notablement.

La physique, au sens antique du mot, est l'étude de la nature matérielle qui tombe sous nos sens. La métaphysique, au sens classique est la science des généralités qui sont suggérées par le spectacle de la nature et la considération de ses mystères, comme par exemple, l'essence et l'existence, l'esprit et la matière, la vie et la mort ; telle est la définition des anciens dont la philosophie occidentale a pris la succession.

Fidèle interprète de l'hindouisme, Guénon donne une extension beaucoup plus vaste à la science métaphysique telle qu'il la met lui-même en œuvre. Pour lui, elle ne comprend plus seulement la métaphysique classique, laquelle est essentiellement une ontologie, c'est-à-dire une science de l'être. Elle va s'étendre à la connaissance du Principe Suprême lui-même, qui est situé, comme nous le savons maintenant, au-dessus de l'être, puisqu'il est à la fois l'être et le non-être, étant le siège des possibles qui ne sont encore jamais venus à l'existence.

Comment une science aussi sublime est-elle possible ? Elle est possible dans l'hindouisme, nous dit R. Guénon, parce qu'on y utilise des méthodes de méditations qui donnent précisément accès au Principe Suprême. Le sujet qui médite selon ces méthodes et au sein de tout cet enseignement, parvient à une connaissance, non plus discursive c'est-à-dire obtenue par le moyen d'une construction raisonnée, mais à une *connaissance intuitive,* immédiate et sans intermédiaire du Principe Suprême directement appréhendé. Une telle connaissance intuitive est un phénomène psychologique qui est décrit aussi dans d'autres religions et dans d'autres disciplines et que l'on nomme *l'intuition intellectuelle.*

Cette intuition intellectuelle est difficile à obtenir. Elle est réservée à des sujets d'élite. Elle doit même être soustraite à la divulgation. On y parvient principalement par *l'initiation* et elle a donc un caractère *ésotérique*, c'est-à-dire caché. Moyennant ces précautions le sujet méditant arrive à une *identification* avec l'objet de ses méditations. Il finit par s'identifier avec le Suprême Principe métaphysique lui-même.

L'objet d'une telle méditation étant métaphysique, il est logique que la méthode contemplative qui permet de l'atteindre soit appelée, elle aussi, *métaphysique*. Une grande partie de l'œuvre de Guénon sera consacrée à la description des *voies métaphysiques* dont il nous dira qu'elles sont *purement intellectuelles,* entendant par là qu'elles ne sont nullement dévotionnelles et sentimentales.

Seulement, nous avons vu qu'il existe aussi, dans l'hindouisme, des entités divines qui sont moins élevées que le Principe Suprême. Ce sont les divinités qui font l'objet des dévotions populaires, Brahmâ, Vishnu et Shiva, pour ne citer que les trois principales. Or, et c'est là un point essentiel de son argumentation, R. Guénon réserve le nom de *religion* au culte qui est rendu aux divinités qui appartiennent à l'existence manifestée. Le Dieu des Chrétiens fait partie de ces divinités puisqu'il est, lui aussi, dans l'ordre de l'existence. À ce type de dieux, on rend un culte *religieux*, dévotionnel, sentimental et populaire.

Quant aux voies contemplatives qui vont conduire au contact avec les dieux de l'ordre existant, on ne pourra évidemment pas les appeler métaphysiques, puisque leur objet n'est pas métaphysique. On les appellera les *voies mystiques*. Conduisant à un objet inférieur, les voies mystiques seront très logiquement considérées comme inférieures aux voies métaphysiques.

De plus, la « Religion » n'étant pas réservée à des sujets d'élite, mais étant au contraire populaire, elle sera dite *exotérique*, c'est-à-dire publique.

En résumé, la métaphysique, parce qu'elle met en jeu l'intuition purement intellectuelle et que l'on y progresse par voie d'initiation et d'ésotérisme, sera déclarée *supérieure à* la simple religion à laquelle seront réservés les qualificatifs de mystique, de dévotionnel et d'exotérique.

Cette supériorité de la métaphysique sur la Religion est totalement arbitraire puisqu'elle provient uniquement de ce que l'on a scindé la divinité en deux parties dont l'une (celle qui fait l'objet de la Religion) est restée dans le domaine de l'existence, et dont l'autre (celle qui fait l'objet de la métaphysique) a été expulsée très haut dans la zone des « possibles non-manifestés ».

Cette supériorité de la métaphysique sur la Religion est l'une des pièces maîtresses de la doctrine guénonienne, et donc de la doctrine hindouiste dont il est docteur pour l'Occident. On la retrouve, sous une forme ou sous une autre, dans tous ses livres. Et on comprend qu'elle soit essentielle pour lui, car c'est la position dominante qui lui permet de faire, de la religion en général et spécialement de la Religion Chrétienne, un *cas particulier du* système métaphysique réputé plus vaste, plus compréhensif, plus intelligent.

Mais la Religion du Vrai Dieu a déjà, à d'autres époques et en particulier aux temps patristiques, administré la preuve qu'elle ne laisse pas le piège métaphysique se refermer sur elle.

C'est ce que nous essayerons de montrer dans les prochains articles où nous traiterons, si on nous le permet, du mécanisme de l'initiation, du symbolisme de la Croix, des cycles cosmiques, de l'angélologie et de la stratégie guénonienne.

CHAPITRE IV

LE SYMBOLISME CHRÉTIEN DE LA CROIX

- La Croix Latine - L'Arbre de la Croix - Les Quatre Instruments - Fulget Crucis Mysterium - La Partie Cachée de la Croix - Les Croix des Larrons - Le Décor Symbolique de la Croix - Le Vrai et le Faux Symbolisme de la Croix

LE SYMBOLISME DE LA CROIX

« *Le Symbolisme de la Croix* » est le titre d'un ouvrage publié en 1931 par René Guénon, l'un des principaux propagateurs des doctrines islamiques et hindouistes en Occident. Or beaucoup de catholiques sont très troublés par l'argumentation développée dans cet ouvrage. Ils en retirent l'impression que l'Église romaine a une intelligence tout à fait incomplète du sens spirituel contenu dans l'emblème de la Croix.

En effet, si l'on en croit l'ouvrage de R. Guénon, la signification profonde et réelle de la Croix se serait conservée intacte, non pas dans l'Église catholique, mais dans l'Islam et les religions de l'Inde et de la Chine. Et c'est là que les catholiques traditionnels devraient aller la rechercher.

Il est bien évident que nous ne pouvons pas rester sur cette impression aussi désagréable que fausse. Une justification du symbolisme chrétien de la Croix s'impose. Aussi, avant d'exposer le symbolisme de la Croix tel que l'enseigne Guénon, faut-il, pour que l'on puisse établir une comparaison, l'exposer d'abord tel qu'il s'est transmis, depuis les Apôtres, dans la croyance chrétienne la plus certaine.

LA CROIX LATINE

Et tout d'abord quelle fut la forme de la vraie Croix ? La forme sur laquelle ont porté les méditations de toutes les générations de chrétiens est évidemment celle de la Croix historique de Notre Seigneur. Ils n'ont pas médité sur une Croix idéale imaginée par eux, mais sur la Croix réelle du Calvaire. Or la forme traditionnelle de la Croix est celle qui est dite *Croix Latine,* c'est-à-dire celle dans laquelle la poutre verticale dépasse, vers le haut, la poutre horizontale d'environ le tiers de sa hauteur.

Néanmoins telle n'était pas la forme de l'instrument de supplice utilisé par les Romains pour les esclaves criminels. Ils avaient introduit en Palestine une Croix en forme de T, dans laquelle l'axe vertical ne s'élevait pas au-dessus de la barre transversale. Aussi inscrivait-on le T (b tau de l'alphabet grec) sur la camisole des condamnés. Le tau était devenu synonyme de mort infamante.

Les Pères de l'Église savaient très bien tout cela. Ils connaissaient l'existence de la croix en tau pour les crucifixions, surtout celle des esclaves. Et pourtant ils n'ont pas fait obstacle à la tradition de la « Croix Latine ». Pourquoi cela ?

D'abord parce qu'il n'est pas exclu que la Croix du Golgotha ait eu effectivement la forme dite plus tard « latine ». C'est même probable puisqu'une telle tradition est véritablement très générale. On peut la comparer à la tradition, transmise par l'iconographie la plus ancienne, de la barbe portée par Notre Seigneur.

De plus on trouve chez les Pères une autre réponse à l'objection du tau :

« À supposer même, disent-ils, que les deux poutres se soient superposées à la manière du tau, l'inscription de la Croix qui fut ajoutée sur l'ordre de Pilate, suffisait à elle seule pour donner à l'ensemble la forme de la « Croix latine ».

On peut donc considérer la *Croix latine* comme la forme historiquement la plus probable, esthétiquement la plus équilibrée et symboliquement la plus complète en même temps que la plus simple. Forme par conséquent sur laquelle il a été légitime, et il l'est encore, de faire porter la méditation chrétienne du symbolisme de la Croix.

L'ARBRE DE LA CROIX

C'est une habitude constante, depuis les origines du christianisme, que de comparer la Croix du Calvaire à l'arbre du Paradis. Les écrivains religieux parlent couramment de *l'Arbre de la Croix*.

Et pourtant cette comparaison entraîne une difficulté car, au jardin d'Éden, Dieu avait planté non pas un arbre mais deux : *lignum vitæ*, l'arbre de vie, qui était au milieu du jardin, et *lignum sciantœe boni et mali*, l'arbre de la science du bien et du mal, en un lieu qui n'est pas précisé dans les textes. Auquel de ces deux arbres la Croix du Calvaire va-t-elle être comparée ?

Les auteurs chrétiens sont unanimes à régler cette difficulté en faisant de la Croix de Notre Seigneur la récapitulation des deux arbres du Paradis. Et ils donnent même, comme justification, qu'elle était faite de deux poutres et donc probablement de deux arbres différents, peut-être même, pour certaines, de deux essences différentes. On fait remarquer que l'Arche de Noé avait été construite avec des bois résineux et que l'Arche d'Alliance était faite de bois d'acacia.

La Croix donc est le véritable *Arbre de Vie*. Le fruit qu'elle a porté est le « » Fils du Dieu Vivant », lui-même Voie, Vérité et Vie, et aussi « Pain Vivant descendu du Ciel ». Le rapprochement ne fait aucun doute.

La Croix est aussi le véritable *arbre de la science du bien et du mal*. Elle a une droite et une gauche qui sont la droite et la gauche de Notre-Seigneur. La droite est le côté de l'élection divine, la gauche le côté de la réprobation. La science du bien c'est la science du Christ que nous enseigne le repentir du bon larron. La science du mal c'est la science de l'Antéchrist qui nous est montrée par l'endurcissement du mauvais larron.

Les deux arbres plantés par Dieu du Jardin d'Éden n'étaient que des préfigurations, lointaines et mystérieuses peut-être, mais exactes de la Croix du Golgotha laquelle les récapitule tout en respectant leur dualité puisqu'elle était faite de deux poutres.

LES QUATRE INSTRUMENTS

Il est courant de faire remarquer qu'il existe une symétrie entre d'une part la consommation du fruit défendu par le premier Adam à l'origine de l'humanité, et d'autre part la crucifixion du Nouvel Adam sur la colline de Jérusalem. Ces deux épisodes, que l'Écriture rapporte tous les deux avec solennité, se correspondent.

« De même que quatre instruments, écrit saint Ambroise, ont servi à *notre chute* : Adam, Ève, le serpent et l'arbre, de même quatre instruments ont servi *à notre rachat* : Jésus, Marie, Joseph et la Croix ».

Saint Ambroise emploie ici le mot d'instrument ; nous dirions plutôt que ce sont des ministres ou des agents. Il estime que ces deux séries de quatre agents se correspondent.

Adam correspond à Jésus que l'on désigne depuis toujours par l'expression de « Nouvel Adam ». Jésus consomme toutes les conséquences de la consommation du fruit défendu par le premier Adam et il expire en s'écriant « *consummatum est* ».

La correspondance est aussi très claire entre Ève et Marie. Ève fut « l'aide semblable à lui » que Dieu modela pour le premier homme. De même Marie est l'aide que Dieu a préparée pour « le premier né de toutes créatures », qui est Jésus. L'Église reconnaît à Marie les fonctions de Co-rédemptrice et lui décerne le titre « d'Auxiliatrice », puisqu'elle est l'aide de Jésus. Le comportement de Marie auprès de Jésus est comme le symétrique de celui d'Ève auprès d'Adam. Marie aide à refaire ce que Ève a aidé à défaire.

Il est plus surprenant de comparer saint Joseph avec le serpent. Et pourtant telle est bien la place que lui assigne saint Ambroise dans son énumération. La vertu essentielle de saint joseph est *la prudence*. Il a aussi pour lui la discipline *du silence*. Seulement, il y a deux sortes de prudence : la prudence selon l'esprit et la prudence selon la chair.

La prudence selon l'esprit est celle qui s'allie avec la simplicité de la colombe conformément au précepte : « Soyez prudent comme le serpent et simple comme la colombe ». Cette prudence selon l'esprit met en réserve comme le premier Joseph, le Patriarche, mettait en réserve le blé du Pharaon. Elle cache, certes, mais elle ne se cache pas, car elle est simple. Et quel est le froment que saint joseph avait à cacher ? Ce froment c'est Notre-Seigneur Jésus-Christ qu'il a mis en réserve en Égypte jusqu'à ce que les ennemis de l'Enfant aient disparu. Par sa *prudence* [et par son *silence* sur la naissance miraculeuse de Jésus dont il ne parla jamais] saint Joseph a trompé le serpent, il a joué le rusé. Il est « l'agent » le plus directement opposé au serpent.

Resterait, si nous ne l'avions déjà fait, à comparer entre eux les quatrièmes « instruments » de l'énumération ambrosienne : l'arbre du Paradis et celui de la Croix. Nous connaissons maintenant leur correspondance. La littérature chrétienne est riche en méditations de toutes les époques sur cette comparaison des deux arbres. On peut contempler indéfiniment ces symboles sans jamais se lasser.

FULGET CRUCIS MYSTERIUM

« Vexilla Regis prodeunt. Fulget Crucis mysterium ; Les étendards du Roi s'avancent. Voici que resplendit le mystère de la Croix ».

La Croix est le résumé symbolique des trois grands mystères de la foi, qui sont : la Sainte Trinité, l'Incarnation, la Rédemption. Le chrétien qui trace sur lui *le signe de la Croix* le fait en prononçant le nom des Trois Personnes divines, dans un ordre qui s'accorde parfaitement avec la forme même de la Croix latine.

La partie supérieure de la poutre verticale, tournée vers le ciel, correspond au *Père Créateur,* qui est dit aussi le Père Céleste. La partie inférieure de cette même poutre, enfoncée qu'elle est dans le sol, correspond au *Fils Rédempteur* qui est descendu sur la Terre. La poutre horizontale, qui est située entre les deux parties de la poutre verticale et s'appuie sur elles, correspond au *Saint Esprit Sanctificateur,* qui procède du Père et du Fils. Ainsi la Croix symbolise clairement et simplement LE MYSTERE DE LA SAINTE TRINITE.

Considérons plus particulièrement *la poutre verticale.* Par sa verticalité même, elle symbolise la génération éternelle et céleste du Verbe, c'est-à-dire sa FILIATION DIVINE. Elle marque l'origine et la nature divine du « Fils de Dieu ». Elle réalise aussi, puisqu'il n'est de vie qu'en Dieu, le véritable *lignum vitæ* du jardin d'Éden.

Mais la poutre verticale symbolise encore autre chose, c'est la PATERNITE DIVINE que Notre-Seigneur Jésus-Christ exerce sur le siècle futur, conformément à la prophétie d'Isaïe :

« Un enfant nous est né ; un fils nous a été donné ; l'empire a été posé sur Ses épaules, et on Lui donne pour nom : conseiller admirable, Dieu fort, Père du siècle futur *(Pater uturi sæculi),* Prince de la Paix ». [Isaïe, IX, 51.

Cette « paternité » de Jésus ne doit pas nous étonner. Elle ne fait aucun doute. Elle est reprise dans les litanies du Saint Nom de Jésus.

Portons maintenant notre attention sur *la poutre horizontale.* Nous remarquons le symbole de l'égalité humaine que le « Fils de l'Homme » a revêtue. Elle symbolise la FRATERNITE HUMAINE de Notre-Seigneur Jésus-Christ et Sa *nature humaine.* Nous avons déjà vu que la poutre horizontale, partagée en deux par la poutre verticale, comporte une droite et une gauche. Elle convient donc aux bras d'un juge qui récompense de sa main droite et condamne de sa main gauche. Elle réalise plus spécialement le *lignum scientiæ boni et mali* de la Genèse.

Après avoir considéré les deux poutres prises séparément, regardons de nouveau la Croix dans son ensemble. Elle symbolise d'abord l'INCARNATION puisque la partie descendante divine vient s'associer avec la partie horizontale humaine.

Mais elle symbolise aussi la REDEMPTION puisqu'elle a été l'instrument de « l'élévation » de l'homme-Dieu. C'est quand il fut cloué sur elle que Notre Seigneur commença à être *élevé de terre*

« Quand je serai élevé de terre j'attirerai tout à moi » Ce commencement d'élévation s'est produit sur la Croix même. La Croix est donc non seulement la voie de la descente du Verbe S'incarnant, mais aussi la voie de la remontée de l'homme racheté. C'est pourquoi beaucoup de commentateurs et de contemplatifs ont vu, dans *l'échelle de Jacob*, le long de laquelle les anges montaient et descendaient, une figure de la Croix.

Quittons maintenant la Croix historique du Calvaire pour considérer « *le Signe du Fils de l'Homme* » dont Jésus a Lui-même prophétisé l'apparition dans le ciel, dans les derniers temps. Ce signe n'est autre que la Croix qui a marqué Son épaule selon ce qui est dit dans Isaïe : « La marque de Sa Principauté est sur Son épaule ». [Isaïe, IX, 6].

LA PARTIE CACHÉE DE LA CROIX

Le Divin Maître à tout disposé, de longue date, pour que son gibet soit conforme à l'attitude qu'il désirait adopter au moment de sa mort. Voulant étendre les bras en croix, pour toutes sortes de raisons, Il a, par Sa providence, fait donner à Son instrument de supplice la forme d'une Croix. Ce n'est pas Lui qui S'est modelé sur la Croix, c'est la Croix qui a été modelée sur Lui. On peut donc dire que la Croix est l'ombre de Jésus. Elle schématise Son corps physique et elle symbolise Son corps mystique qu'est l'Église. La Croix est la forme spirituelle de l'Église.

Or la Croix présente une partie aérienne que l'on voit et une partie enterrée que l'on ne voit pas. La partie aérienne visible c'est le chœur des baptisés qui ont reçu le sacrement au grand jour. La partie enfouie et invisible, c'est le chœur de ceux qui entreront au Ciel munis seulement du *baptême de désir*. Dieu seul les connaît, ils forment une Église enfouie dans Son cœur.

LES CROIX DES LARRONS

La Croix historique de Jésus fut entourée de personnages, de circonstances et d'objets destinés à enrichir sa signification. C'est ainsi que deux autres croix furent dressées en même temps de part et d'autre. Elles aussi abondent d'enseignements.

Nous avons déjà découvert un premier sens à ces deux croix. Elles nous ont permis d'identifier la poutre horizontale de la Croix centrale laquelle est, en effet, répartie en deux moitiés dont l'une est dirigée vers le bon, l'autre vers le mauvais brigand ; elle reconstitue donc, à elle seule, l'arbre de la connaissance du bien et du mal.

Nous allons maintenant découvrir à ces deux croix une nouvelle signification. Car un même objet matériel peut symboliser plusieurs idées différentes selon l'angle sous lequel on le considère. Cette pluralité de sens est l'une des caractéristiques de la dissertation symbolique.

Répondons d'abord à une question. Quel fut le côté du bon larron ? Les textes évangéliques ne le précisent pas. Les quatre Évangélistes disent seulement que l'un des malfaiteurs était à droite et l'autre à gauche ; mais ils ne disent pas comment ils étaient répartis. Néanmoins il est de tradition que le bon larron était à droite. Et d'ailleurs il y a là une convenance logique. La droite est, dans tous les textes des deux Testaments, le côté de *l'élection divine*. Il est de foi que Notre Seigneur siège à la droite du Père : *sedet ad dexteram Patris*. Inversement, la gauche est le côté « sinistre ». C'est celui de *la réprobation divine*.

Les positions relatives des trois personnages étant ainsi déterminées, il nous sera plus facile de réfléchir aux vérités religieuses qu'ils nous enseignent. Remarquons tout de suite que les trois crucifiés étaient *trois fils d'Adam*. Ils avaient, tous les trois, le Premier Homme comme ancêtre commun. « Le Fils de l'Homme » se trouvait donc là « parmi ses frères » ; la fraternité humaine, qui était déjà recherchée par Lui dans l'Incarnation et que symbolise la poutre horizontale, se retrouve, se poursuit et se confirme dans l'œuvre de la Rédemption.

Nous sommes maintenant frappés par une autre particularité significative : les deux larrons sont *deux frères séparés,* et ils le sont par la Personne de Jésus-Christ, à l'égard duquel ils se comportent différemment. Cette séparation constitue l'image et les prémices du jugement dernier, au cours duquel « Celui qui fut pendu au bois » séparera les brebis d'avec les boucs. C'est à Lui que le pouvoir de séparer a été donné, en vertu de la sentence contenue dans saint Jean : « Le Père ne juge personne, mais Il a remis au Fils le jugement tout entier, afin que tous honorent le Fils comme ils honorent le Père ». [Jean, V, 22).

Méditons encore un peu plus profondément ce même mystère. Les deux larrons symbolisent deux « corps mystiques » qui sont, eux aussi, séparés. Mais ceci demande une explication. Nous avons vu plus haut que la Croix de Notre Seigneur forme comme Son ombre et qu'elle représente Son Corps mystique, c'est-à-dire l'Église. Or considérant maintenant, non plus la Croix de Jésus, mais la seule personne du bon larron, nous retrouvons en lui cette même Église sous une autre apparence. En effet, le soir même il sera le premier racheté de l'Église triomphante. Il est donc le symbole du *Corps mystique du Christ*.

C'est surtout frappant quand on le compare à la personne du mauvais larron qui, pour sa part, figure le *corps mystique de l'Antéchrist*. Il est certain que cette notion de

« corps mystique de l'Antéchrist » n'est pas couramment exprimée dans la littérature ecclésiastique. Mais enfin elle n'est pas non plus en contradiction avec « l'analogie de la foi » et elle compte même, en sa faveur, de très puissants attendus. Voilà donc le Divin Maître sur la Croix avec Son Épouse mystique à Sa droite et « La Bête » à Sa gauche.

Poursuivons notre examen symbolique. Les trois fils d'Adam, dissemblables, subissent un sort semblable. L'un est le juste juge, les deux autres sont jugés. Et les deux jugés sont des frères ennemis. Ils résument à eux trois toute l'humanité. L'identité de leur sort marque visiblement *l'universalité de la loi du sacrifice*. Ni les bons ni les mauvais ne sauraient s'y soustraire. Cette grande loi de notre condition terrestre est symbolisée par les trois croix.

LE DÉCOR SYMBOLIQUE DE LA PASSION

D'autres symboles, les uns vivants, les autres matériels, entouraient la Croix et recevaient d'elle leur sens comme un éclairage. Ils sont d'une prodigieuse richesse et nous ne pouvons en faire ici qu'une succincte énumération.

La Co-rédemptrice tient la principale place, dans ce décor symbolique, du fait qu'il n'y a en elle ni le péché originel, ni les péchés actuels. C'est la colombe qui reproduit le plus parfaitement l'innocence de l'Agneau immolé. Elle ne subit pas *la Passion physique,* réservée à son Fils, mais *la Passion mystique.* Elle aussi est une image de l'Église et plus qu'une image puisqu'elle en est la Mère.

Aucun des personnages qui assistaient à la Crucifixion n'ont eu à subir la mort violente. Notre-Seigneur les en a protégés en la prenant sur Lui. C'est ainsi que saint jean, qui fut le seul des Apôtres présent au Calvaire, est aussi le seul à n'être pas mort martyr. Jésus se substitue à l'homme sous les coups de la *Rigueur de Dieu.*

Le Centurion, qui n'était pas juif mais Romain, confessa le premier la divinité de Jésus :

« Et le centurion qui s'était tenu en face de Lui, voyant qu'Il avait expiré ainsi, dit : « Vraiment cet homme était Fils de Dieu ». [Marc, XV, 39).

Le centurion fut donc le premier à répondre *à l'appel des Gentils.*

Parmi les instruments matériels qui participent au décor symbolique de la Croix, le plus prestigieux est la *Couronne d'épines.* Cette couronne est celle que Notre-

Seigneur S'est acquise par droit de conquête. Elle s'ajoute à celle qu'Il possède déjà par droit de naissance en Sa qualité de « Fils de David ». La Couronne d'épine du Calvaire est constituée de ces mêmes épines que la prévarication d'Adam avait engendrée sur la terre.

« La terre te produira des ronces et des épines... » (Gen., III, 18).

Ces antiques épines de la faute originelle, Jésus en a tiré une couronne et une royauté.

Les trois clous qui fixèrent Jésus sur la Croix avaient été figurés par les trois flèches dont Joab tua Absalon, lequel était précisément « Fils de David », mais fils révolté contre son père. Notre-Seigneur a donc reçu les trois dards destinés à un fils révoltés. Là encore, bien qu'innocent, il a joué le rôle d'Absalon, c'est-à-dire d'un coupable.

Quant aux *Cinq Plaies,* deux aux pieds, deux aux mains et une au cœur, elles avaient aussi figuré dans l'histoire de David sous la forme des cinq cailloux dont il s'était armé pour combattre Goliath. Il n'en utilisa qu'un seul mais il les lui destinait tous les cinq s'il avait fallu. Jésus a reçu les cinq pierres destinées à l'ennemi du peuple de Dieu, Goliath, dans le nom duquel on trouve toutes les lettres nécessaires à former le mot de Golgotha.

Le « Chemin de la Croix » comporte *quatorze stations* que les Chrétiens méditent inlassablement et dans lesquelles on a pu voir une prophétie de la vie de l'Église et des tribulations qu'elle endure.

Les Sept Paroles prononcées par Jésus sur la Croix et rapportées solennellement par les Évangélistes, sont à elles seules chargées d'une signification surabondante. Un très grand nombre de commentaires leur sont consacrés. Il est bon d'en énumérer au moins les premiers mots : Pater... Molier... Hodie... Eloï... Sitio... Consummatum... Pater in manus tuas...

Le Précieux Sang a été appelé ainsi parce qu'il est la monnaie, l'or précieux, qui a payé notre rachat.

Le Tombeau est celui d'un homme riche, Joseph d'Arimathie, membre du conseil. Il convient à cet autre « homme riche » qui vient de verser une si prodigieuse rançon. La Crèche de Bethléem, au contraire avait été celle d'un pauvre, ce qui convenait à l'Enfant Jésus prenant la condition humaine après avoir joui de la condition divine.

Le Vrai et le Faux Symbolisme de la Croix

Le symbolisme religieux est une forme particulière de raisonnement qui permet de comprendre le monde spirituel en observant le monde matériel. Car le Créateur a établi une harmonie entre ces choses visibles et ces choses invisibles qui sont énoncées dans la profession de Foi chrétienne : « *Factorem cæli et terræ, visibilium et invisibilium* ». Le monde des corps est l'image du monde des esprits. Tel est le fondement de la « dissertation symbolique ».

Dans ces « choses invisibles » il faut inclure, non seulement le monde des esprits (c'est-à-dire celui des anges et des âmes), mais aussi tout l'ordre surnaturel, car lui aussi est invisible avec l'œil du corps.

L'ordre surnaturel est appelé aussi l'ordre de la Grâce. Et qu'est-ce que la Grâce ? C'est une aide spirituelle accordée aux hommes pour leur permettre d'arriver *aux finalités glorieuses* auxquelles ils sont destinés, mais que, pour toutes sortes de raisons, ils ne peuvent pas atteindre par leurs seules forces naturelles.

D'où vient cette aide spirituelle, miséricordieuse et gratuite ? Elle est puisée dans *les Trésors de la Grâce* qui ne sont autres que les mérites amassés par la Passion du Christ, c'est-à-dire par la Croix.

Or il y a une gradation entre les trois ordres. Le plus inférieur est l'ordre de la nature, qui doit sa connaissance au décret de la *Création ex nihilo*. Puis vient l'ordre surnaturel dont la Croix résume le statut. Enfin, au sommet des Œuvres divines, se place l'ordre de la Gloire qui sera définitif et qui résultera de cet autre décret déjà annoncé dans l'Apocalypse :

« Et Celui qui était assis sur le trône dit : *Voici, que Je fais toutes choses nouvelles* ». [Apol. XXI - 51.

La Croix, qui régit l'ordre de la Grâce, est donc intermédiaire entre la nature et la Gloire. C'est elle qui permet *à l'univers de sortir de l'état de nature* et d'aboutir à ses fins : « Le monde gémit et souffre les douleurs de l'enfantement ». La Croix est donc, non seulement un symbole qui permet aux hommes de comprendre le monde des esprits et celui de la Grâce, mais c'est aussi l'instrument efficace par lequel Jésus rend possible le décret divin de renouvellement final. La Croix contient en germe le Royaume éternel. La Croix est *l'instrument du salut*.

Toute l'intelligence de la Croix résulte de sa position d'intermédiaire entre la nature et la Gloire. Il faut donc, pour fournir une interprétation correcte de son symbolisme, admettre d'abord les grands mystères et les grands dogmes de la Foi chrétienne dont nous avons vu qu'elle était le résumé. On ne comprend pas la Croix si l'on ne connaît pas les mystères qu'elle résume.

LE SYMBOLISME METAPHYSIQUE DE LA CROIX, que R. Guénon va nous proposer maintenant est tout à fait différent. La « croix métaphysique » n'est plus l'instrument de douleur qui opère le passage de la nature à la Gloire.

Elle devient *un système de coordonnées rectangulaires* qui fournit la situation réciproque des grandes forces cosmiques et qui permet de constater l'harmonie universelle, ce qui est exact, en effet, mais n'est qu'une toute petite partie du vrai symbolisme de la Croix. R. Guénon n'admet les dogmes chrétiens qu'en parole (et encore) mais il ne leur reconnaît qu'une valeur relative. Ils ne sont pour lui que des formes approximatives et populaires d'une métaphysique beaucoup plus vaste et englobante, métaphysique qui nous est révélée, dit-il, par l'initiation.

Son dieu n'est pas, comme le nôtre, *le Dieu Vivant d'Abraham, d'Isaac et de Jacob*. C'est un principe abstrait, une construction de l'esprit, nommée PRINCIPE SUPREME et définie comme le lieu géométrique de toutes les possibilités, qu'elles soient manifestées ou qu'elles restent virtuelles. C'est à ce dieu là que conduit la « croix métaphysique », à la suite d'une montée initiatique.

L'univers de Guénon est donc privé de la Croix opérative de Jésus-Christ, et par conséquent privé aussi de la fin dernière qu'elle lui procure : le Royaume des Cieux. Cet univers n'a plus désormais qu'à évoluer en d'éternels recommencements dont l'homme ne peut sortir que par la fusion avec un « Principe Suprême » d'autant plus immuable qu'il est en dehors de l'existence.

Nous verrons prochainement par quels mécanismes, d'ailleurs fort intelligents comme toujours, et fort habiles, Guénon passe de la Croix du Christ à la croix métaphysique.

Jean Vaquié

CHAPITRE V

LE SYMBOLISME MÉTAPHYSIQUE DE LA CROIX

- La mutation du Symbole Cruciforme. - Le Symbolisme de la Nature. - La Croix absolue. - L'homme universel. - La ligne des jalons. - La Croix devenue sphère. - L'emprisonnement de la Croix. - La crucifixion idéale.

Le « *Symbolisme de la Croix* » de René Guénon est un livre qu'il faut lire plusieurs fois si on veut le comprendre à fond. Une lecture cursive ne suffit pas pour assimiler la démonstration très élaborée qu'il contient. Sans doute la pensée exprimée est logique et homogène, mais la langue n'est pas claire. L'auteur ne définit pas nettement les notions constitutives de son raisonnement ; volontairement ou pas, il en estompe les contours et il les environne de brume. Son style est neutre, général et abstrait. Mais il sait maintenir l'esprit à une haute attitude et lui procurer un savoureux vertige.

On est donc excusable de s'être laissé charmer dans un premier temps. Mais il faut aussi savoir réfléchir et il ne serait pas bon de rester sur une première impression qui, le plus souvent, est à la fois étrange et agréable. Notre travail va consister à dissiper ce bercement et à montrer les finalités positivement hétérodoxes des thèses guénoniennes.

LA MUTATION DU SYMBOLE CRUCIFORME

Dans le précédent chapitre, nous avons exposé, en le résumant beaucoup, le symbolisme de la Croix chrétienne, tel qu'il est reçu couramment dans l'Église catholique. Aujourd'hui, nous analysons un livre de R. Guénon où le sens du symbole cruciforme est interprété d'une manière tout à fait différente.

Le livre de René Guénon s'intitule « *Le Symbolisme de la Croix* ». Il a été édité à Paris par les Éditions Vega en 1931 et il a eu depuis plusieurs rééditions. Il est le développement d'une première thèse qui avait paru, en une série d'articles, au cours des années 1910 et 1911, dans la revue « La Gnose », revue fondée par Guénon lui-même. Il s'agit donc d'une prise de position déjà ancienne, mais qui a été maintenue par la suite et qui n'a pas cessé d'intéresser de nombreux lecteurs. C'est la prise de position de toute une école qui la maintient encore aujourd'hui. Le problème est donc parfaitement actuel.

L'ouvrage est précédé d'une dédicace très instructive qui a été fidèlement reproduite dans toutes les éditions postérieures. En voici le texte :

« À la mémoire vénérée de Esh-Sheikh Abder-Rahman Elish El-Kebir, el-alim, el-malki, el-maghribi, à qui est due la première idée de ce livre. - Meçr El-Qâhirah, 1329-1349-H ».

Cette dédicace contient déjà deux renseignements intéressants. Nous notons d'abord que « la première idée de ce livre est due » à un dignitaire musulman. Car nous savons, par ailleurs, que ce Sheikh Elish est celui qui a patronné l'entrée de Guénon dans la religion de Mahomet ; il est en quelque sorte son parrain et son catéchiste dans l'Islam.

Nous remarquons ensuite, à la fin de la dédicace, deux dates dans le calendrier de l'Hégire. Que signifient-elles ? L'année 1329-H désigne les années 1911-1912 de l'ère chrétienne. C'est précisément en 1912 que R. Guénon entra dans la religion islamique, en recevant « la Baraka », c'est-à-dire la bénédiction du Sheikh Elish. Et l'année 1349-H désigne les années 1930-1931 de l'ère chrétienne. C'est l'époque où, installé définitivement au Caire, en terre musulmane, R. Guénon rédige et achève le manuscrit du « *Symbolisme de la Croix* » dans la version définitive que nous analysons ici.

Il ne fait donc aucun doute que la doctrine qui va nous être exposée est celle que l'on professe parmi les mahométans. Et l'on voit que R. Guénon ne dissimule pas sa source d'inspiration. Il en fait état, non seulement dans sa dédicace, mais aussi dans ses notes de bas de pages. C'est ainsi qu'il cite ce jugement exprimé par un grand personnage islamique : « Si les chrétiens ont le signe de la croix, les musulmans en ont la doctrine. «

L'opinion selon laquelle les Occidentaux en général et les Chrétiens en particulier, ne comprennent pas leurs propres symboles, est chère à R. Guénon. Il l'exprime dès son premier ouvrage « *Introduction générale à l'étude des doctrines hindoues* ». Il faut, dit-il, « voir dans le symbole tout ce qu'il est réellement, et non pas seulement son extériorité contingente ; il faut savoir aller au-delà de la lettre pour dégager l'esprit.

« Or, c'est là, précisément ce que ne font pas d'ordinaire les occidentaux... ; la mentalité occidentale, dans sa généralité, dénature spontanément ceux qu'elle rencontre à sa portée.

« Prendre le symbole lui-même pour ce qu'il représente, par incapacité de s'élever jusqu'à sa signification purement intellectuelle, telle est, au fond, la confusion en laquelle réside la racine de toute idolâtrie, au sens propre de ce mot, au sens que l'islamisme lui donne d'une façon particulièrement nette.

« Le symbole n'est plus alors qu'une « idole », c'est-à-dire une image vaine, et sa conservation n'est que « superstition » pure, tant qu'il ne se rencontre personne dont la compréhension soit capable de lui restituer ce qu'il a perdu, ou du moins ce qu'il ne contient plus qu'à l'état de possibilité latente ». (Introduction à l'*Étude des Doctrines Hindoues*, 2è partie, chapitre VII).

Telle est justement l'intention de R. Guénon quant au symbolisme de la Croix : lui restituer ce qu'il aurait perdu, du fait de l'incapacité intellectuelle, de l'idolâtrie et de la superstition des « Occidentaux », en clair des catholiques. Il va procéder à la mutation du symbole cruciforme. Il va lui redonner la signification originelle que les chrétiens lui auraient fait perdre.

Un de ses commentateurs les plus sûrs, Robert Amadou, confirme cette volonté de transformation symbolique qui anime R. Guénon. Il s'exprime ainsi dans la préface de l'édition de 1957 (Éditions 10-18) du « *Symbolisme de la Croix* » :

« Avec R. Guénon qui veut pénétrer, lui aussi, le symbolisme de la croix tout change : la perspective, la méthode, les sources d'information et, oserai-je dire, jusqu'au sujet ».

Ainsi, nous sommes avertis que l'on va interpréter la Croix d'une manière qui n'est pas chrétienne.

Nous connaissons d'autre part les dispositions d'esprit de R. Guénon à l'égard de notre religion. Il veut, déclare-t-il souvent, que ses doctrines se superposent à celles de l'Église sans s'y opposer. C'est pourquoi la Croix chrétienne sera considérée par lui comme une version particulière du symbole cruciforme universel. Nous allons voir, précisément, ce que vaut cette prétention.

LE SYMBOLISME DE LA NATURE

La doctrine selon laquelle il existe une ressemblance entre la création matérielle et la création spirituelle est l'une de celles dont l'Église catholique a hérité de la Synagogue des Juifs. « Ce qui est en bas est comme ce qui est en haut ». La même notion se rencontre aussi dans une expression dont l'origine disparaît derrière l'horizon : « Le monde des corps est l'image du monde des esprits ». La plus belle de ces formules est celle-ci : « Le ciel que nous voyons est l'image du ciel auquel nous croyons ».

Il y a incontestablement une symétrie entre les divers degrés de l'existence. Pourquoi en est-il ainsi ? Le symbolisme de la nature provient de l'harmonie que Dieu met entre les diverses parties de ses œuvres. Les œuvres de Dieu s'appellent et se rappellent. L'Église catholique est particulièrement consciente de cette harmonie puisqu'elle en fait l'une des preuves naturelles de l'existence de Dieu. Parmi les créatures, celle qui manifeste le mieux la correspondance de ce qui est en bas avec ce qui est en haut, c'est l'homme, créé précisément à l'image et à la ressemblance de Dieu.

Dans le livre que nous désirons analyser, R. Guénon met en application ce principe du symbolisme universel. Il écrit par exemple : « La nature entière est le symbole des réalités transcendantes » (Chap. IV). Rien n'est plus exact. Et si nous sommes en désaccord avec lui, ce n'est certes pas sur le principe lui-même. Mais c'est sur la manière dont il l'applique.

C'est une doctrine parfaitement correcte que celle du symbolisme de la nature. L'univers est bien un livre dans lequel nous devons lire. La création est le symbole de la pensée du Créateur.

Depuis la plus haute antiquité, les hommes essayent de résumer cet immense symbole par des signes graphiques simples schématisant l'harmonie universelle, c'est-à-dire la ressemblance de ce qui est en bas avec ce qui est en haut. Et à ces signes on a donné aussi ce même nom de symboles. Ils rassemblent, en effet, une signification « inférieure » et une signification « supérieure » dont ils font ressortir l'harmonie.

Les plus connus de ces symboles graphiques sont le Tai-ki des chinois qui est un disque bicolore associant les deux principes Yin et Yang, le Sceau de Salomon formé de deux triangles contrariés, et l'Arbre séphirothique imaginé par les juifs de la Diaspora.

Beaucoup d'auteurs, dont R. Guénon, font figurer le symbole cruciforme parmi ces graphiques de synthèse destinés à résumer à la fois Dieu et l'univers. Et en effet, on ne peut pas contester l'ancienneté de ce symbole cruciforme. Seulement, on ne peut pas contester non plus deux importantes particularités. D'abord sa répartition est très disséminée. La croix pré-chrétienne n'a été accaparée par aucune religion particulière et on la retrouve en divers pays figurant parmi d'autres emblèmes.

Et puis, les spécimens que l'on a découvert sont rares. Trois historiens de l'antiquité, R. Christinger, J. Eracle et P. Solier, dans un ouvrage collectif, « *La Croix Universelle* », en relatent quelques exemplaires en Asie, en Égypte et au Mexique. Mais enfin on ne peut pas dire que le symbole cruciforme ait été vraiment très répandu avant le Christianisme. Cette dissémination et cette rareté demanderaient une interprétation sur laquelle nous pourrons peut-être revenir occasionnellement.

C'est précisément ce symbole cruciforme que R. Guénon va étudier, dans l'abstrait et sans lui donner d'âge. Il va l'examiner sous tous ses angles et montrer que cet emblème fait particulièrement bien ressortir l'harmonie qui préexiste entre les couches inférieures et les couches supérieures de la hiérarchie des êtres. Pour notre part, nous constaterons qu'au cours de son analyse, Guénon substitue à la Croix historique de Notre-Seigneur, une croix dite métaphysique, qui en est non pas un enrichissement comme il le déclare, mais un incontestable appauvrissement.

LA CROIX ABSOLUE

René Guénon va donc méditer sur la croix afin d'en découvrir le sens profond. En une seule figure, constate-t-il et il a raison, elle résume deux termes symétriques qui sont d'une part la nature physique toute entière et d'autre part les réalités transcendantes. Nous examinerons successivement chacun des deux termes du symbole cruciforme selon l'interprétation guénonienne. Voici d'abord comment la croix représente, d'après lui, la nature physique toute entière ; nous verrons ensuite ce qu'il entend par « réalités transcendantes ».

Pour représenter l'univers, on ne peut pas se contenter, estime-t-il, de la Croix historique de Jésus-Christ parce qu'elle est contingente et qu'étant une figure plane elle n'embrasse pas toutes les dimensions du cosmos. Il faut une croix « dans l'espace ».

« Le symbolisme des directions de l'espace est celui-là même que nous aurons à appliquer dans ce qui va suivre... La croix à trois dimensions constitue, suivant le langage géométrique, un système de coordonnées auquel l'espace tout entier peut être rapporté ; et l'espace symbolisera ici l'ensemble de toutes les possibilités, soit d'un être particulier, soit de l'Existence Universelle ». (Chap. IV)

Telle est la croix sur laquelle va désormais porter la méditation de Guénon : un système de coordonnées à trois dimensions. Il lui donne le nom de croix absolue, suggérant par là que la Croix de Notre-Seigneur est une « croix relative », et faisant remarquer que le symbole cruciforme ainsi transformé possède une compréhension beaucoup plus étendue que la croix plate du Christianisme. Compréhension plus étendue non seulement dans l'espace, mais aussi dans le temps.

En effet, les trois dimensions, c'est-à-dire la hauteur, la longueur et la largeur, donnent immédiatement naissance à six directions, le haut, le bas, la droite, la gauche, l'avant et l'arrière. Si, à égale distance du centre, nous marquons un point schématique sur chacune de ces trois directions, nous obtenons six points équidistants d'un septième point central. Les six points représentent les six jours de la création et le septième point, au centre, représente le jour du repos du Créateur. La croix « dans l'espace » résume donc le septénaire du temps, c'est-à-dire l'Œuvre des Six Jours complétés par le jour du Sabbat.

Ici, Guénon ne dédaigne pas l'aide de saint Clément d'Alexandrie, puisqu'elle va, pour l'instant, dans le même sens que lui :

« De Dieu, Cœur de l'univers, partent les étendues indéfinies qui se dirigent, l'une en haut, l'autre en bas, celle-ci à droite, celle-là à gauche, l'une en avant et l'autre en arrière. Dirigeant Son regard vers ces six étendues comme vers un nombre toujours égal, Dieu achève le monde. Il est le commencement et la fin, l'alpha et l'oméga ; en Lui s'achèvent les six phases du temps, et c'est de Lui qu'elles reçoivent leur extension indéfinie : c'est le secret du nombre sept » (Saint Clément d'Alexandrie).

Saint Clément ne fait qu'exprimer ici une vérité cosmologique évidente en remarquant que l'univers s'étend selon les quatre points cardinaux complétés par la dimension verticale. Et il établit un rapport entre cette disposition générale du monde et la pensée divine. Il est incontestable que l'on retrouve, dans l'univers, une géométrie cruciforme, c'est-à-dire une géométrie à trois dimensions. Il y a eu, dans la pensée divine, « une idée de croix », au cours de la confection du monde, tel qu'il est établi dans l'espace et dans le temps.

Sous ce rapport, la croix absolue et métaphysique, est un bon résumé de l'univers. Mais elle ne nous fait pas sortir de l'ordre de la nature. Si elle le transcende, c'est plutôt en le prolongeant selon le même schéma. Elle ne le transcende pas, elle le prolonge. Elle ne le renferme pas, elle le perpétue.

Nous ne pouvons pas continuer notre analyse sans constater que nous sommes maintenant en présence de deux croix différentes : la Croix simple de Notre-Seigneur qui est située « dans le plan », et la croix dite « absolue » qui est située « dans l'espace » et que l'on peut considérer comme un multiple de la croix simple. Laquelle des deux est-elle primordiale dans la pensée divine ? La croix absolue de R. Guénon ou la croix simple du Calvaire ? Laquelle des deux va-t-elle le plus exactement symboliser les trois grands mystères de la Sainte Trinité, de l'Incarnation et de la

Rédemption ? Laquelle des deux est-elle « le signe du Fils de l'Homme » ?

La croix métaphysique est-elle apte à symboliser le mystère de la Sainte Trinité ? Elle n'est pas absolument impropre à cela, puisqu'elle compte trois dimensions ; mais les positions relatives du Fils et du Saint Esprit ne sont pas exactes. Au contraire, la croix historique de Jésus est un symbole trinitaire parfait. Le Père est figuré par la branche du haut. Le Fils, qui a pris de la terre sa substance, est figuré par le branche du bas plantée en terre. Et le Saint Esprit, qui procède du Père et du Fils est figuré par la branche horizontale qui occupe précisément une position intermédiaire. C'est ce symbole trinitaire, ainsi parfaitement réalisé, que nous reproduisons quand nous traçons sur nous le Signe de la Croix.

La croix métaphysique de R. Guénon est-elle apte à représenter le mystère de l'Incarnation ? Elle figure correctement l'espace et le temps de l'univers dans lequel le Verbe doit descendre ; elle symbolise aussi quelques abstractions métaphysiques comme, par exemple, l'union des complémentaires. Mais sa signification s'arrête là ; elle ne symbolise correctement que les choses de la nature. Car elle est une figure rotative n'étant fixée qu'arbitrairement par les conventions humaines qui déterminent le nord ; elle reste donc un symbole giratoire comme la girouette dont elle a la forme ; on peut donc la transformer en sphère ainsi que nous allons le voir bientôt ; elle demeure un symbole indifférencié et c'est pour sa plasticité que R. Guénon l'affectionne. Bref la croix métaphysique est un bon résumé de la nature physique et de ses prolongements philosophiques. Mais il ne faut pas lui demander de rappeler l'ordre de la Grâce.

Dès que l'on veut lui faire symboliser l'Incarnation, on se rend compte de son incapacité : la terre est représentée dans la croix à trois dimensions, par le plan horizontal formé par les points cardinaux, tandis que le Logos est figuré par la branche verticale de la croix. C'est la traversée du plan horizontal par la barre verticale qui symbolise l'Incarnation ; l'élément divin est une droite et l'élément humain est un plan.

La Croix historique de Notre-Seigneur figure le mystère de l'Incarnation, d'une manière bien plus simple, plus homogène et plus magistrale, par l'intersection des deux seules branches : la verticale représente la nature divine et l'horizontale, la nature humaine. En outre, c'est la présence de l'Homme-Dieu sur la Croix qui lui procure son orientation. Cette orientation n'est plus alors le fait des conventions humaines, mais elle découle du choix divin. La Croix historique n'est pas un symbole que l'on peut faire varier à volonté ; elle n'est pas giratoire et indifférenciée ; elle présente une face avant et une face dorsale, une droite et une gauche, à l'image du Verbe Incarné. C'est ainsi lui qui donne son sens à toute la création, « sens » que la croix absolue est incapable de représenter.

La croix métaphysique guénonienne est-elle apte à symboliser le mystère de la Rédemption ? Il suffit d'observer la croix à trois dimensions pour faire une constatation capitale ; elle est Impropre à la crucifixion. Il est impossible de clouer un supplicié dans les angles d'un pareil gibet ; c'est une disposition qui ne convient pas pour cela. Pour pouvoir le fixer au bois, il faut préalablement reconstituer une surface plane et donc se débarrasser complètement de l'une des deux dimensions horizontales : la partie avant parce qu'elle gêne pour la fixation, et la partie arrière parce qu'elle n'a plus ni utilité ni sens symbolique. Finalement, on a reconstitué la croix simple et plane du Calvaire.

Si l'on veut, malgré tout, utiliser la croix absolue pour opérer un sacrifice rédempteur, on est obligé d'assujettir la victime avec des cordes, soit dans les angles, soit à l'une des branches. Mais alors, on opère une pendaison. Finies les Cinq plaies, fini le Précieux Sang.

On objectera que l'on peut, à la limite, réaliser un sacrifice sans qu'il y ait de sang versé puisque c'est la mort de la victime qui est oblative et propitiatoire. Mais même dans cette hypothèse extrême, la croix absolue ne convient pas. À laquelle des quatre potences allons-nous pendre la victime ? Quelle est celle qui a la préséance : Pour nous tirer d'embarras, choisirons-nous la solution de pendre quatre victimes, il faudrait même dire quatre avatars. Et si nous n'en voulons qu'une seule, nous n'avons pas besoin de quatre potences. Décidément la croix absolue ne veut pas de Rédempteur.

Mais le système philosophique et religieux de R. Guénon, lui non plus, n'a pas besoin de Rédempteur. Il n'en comporte pas, et la croix absolue le débarrasse même d'une préoccupation gênante.

Nous mesurons maintenant la distance qui sépare la Croix historique du divin Maître, simple de forme et riche de sens, de la croix métaphysique giratoire et indifférenciée de notre philosophe. Cette distance s'agrandira encore quand nous assisterons aux mutations de la croix absolue.

L'HOMME UNIVERSEL

Nous venons de voir que la croix absolue résume l'univers visible. Selon le principe général du symbolisme, elle doit représenter aussi une réalité transcendante. Cette réalité transcendante, nous dit Guénon, c'est « L'homme universel ». Voici la définition qu'il en donne :

« C'est l'être total, inconditionné et transcendant par rapport à tous les modes particuliers et déterminés d'existence, et même par rapport à l'Existence pure et simple, être total que nous désignons symboliquement comme l'homme universel ».

Il en donne encore une définition plus succincte :

« L'homme universel est le principe de toute la manifestation » (chap. II).

Il fait remarquer que cette expression d'Homme Universel est utilisée surtout dans l'Islam. Mais la notion elle-même se retrouve, sous des formes diverses, dans d'autres religions. Par exemple, chez les cabalistes de la Diaspora, il prend le nom d'Adam-Kadmon ; dans les doctrines extrêmes-orientales on le retrouve sous celui de Wang, le roi ; chez les chrétien, dit-il, c'est le logos.

Le lecteur pressé, qui n'aura pas le temps d'approfondir, sera tranquillisé par cette définition dans laquelle il pensera reconnaître les traits essentiels du Verbe Incarné, qui est en effet l'archétype de l'humanité. Guénon, se dira-t-il, ne s'écarte pas fondamentalement du christianisme. Et il continuera sa lecture sans méfiance. Il acceptera une doctrine qui lui est présentée avec une grande habileté, mais qui est pourtant très différente de celle de l'Église.

L'Homme universel, nous dit Guénon, est le principe de la manifestation. Cette essence de toutes choses, il l'appelle aussi le Soi universel. Et il ajoute que chaque homme pris en particulier participe à cette essence universelle et possède donc « le Soi » en lui à titre personnel : l'essence universelle est virtuellement présente au tréfonds de chaque homme et constitue sa personnalité.

« Le Soi est le principe transcendant et permanent dont l'être manifesté, l'être humain par exemple, n'est qu'une modification transitoire et contingente, modification qui ne saurait d'ailleurs aucunement affecter le principe. » (Ch. 1).

Chaque homme est donc, en son tréfonds, une modification transitoire du principe transcendant universel.

Le principe transcendant n'est contenu dans l'homme que d'une manière virtuelle. Il est masqué, et comme encroûté, par les accidents contingents de l'existence manifestée. Et ce sont ces accidents transitoires qui constituent le moi individuel de chacun : ce sont les scories existentielles qui forment l'individualité humaine.

On peut résumer cette théorie en disant que l'essence universelle est présente dans le soi personnel et que le moi Individuel seul appartient à la manifestation et à l'existence.

Nous possédons ainsi la clef de la vie spirituelle dans le système de Guénon. Elle consiste à dégager ce qu'il y a d'essentiel dans l'homme, c'est-à-dire le soi personnel, en le séparant de ce qu'il y a d'accidentel, c'est-à-dire le moi individuel. Il faut pour cela que l'homme sache se ramener à un état non-transitoire, à un état non-manifesté. Or, cet état est forcément extra-individuel puisque ce qui est individuel est précisément contingent et transitoire.

On appelle délivrance l'acquisition de cet état non-manifesté et extra-individuel. On lui donne aussi le nom de réalisation.

Comment parvient-on à la délivrance ou réalisation ? On y parvient par les procédés de méditation et de contemplation que l'on désigne sous le nom de voies métaphysiques. Ces voies, ou méthodes, sont appelées métaphysiques parce qu'elles conduisent l'homme qui les met en pratique à participer à l'essence universelle qui est « métaphysique », puisqu'elle est au-dessus de l'existence physique.

Quand il est « réalisé », l'homme personnel a rejoint l'homme universel et il ne fait qu'un avec lui. Il ne s'en distingue plus, car c'est l'homme universel qui était enfoui virtuellement dans l'homme pendant son état d'individualisation. La « délivrance » ou « réalisation » n'a fait que dépouiller le « soi » de la gangue du « moi » qui l'entourait.

Désormais en possession de son concept d'Homme Universel (notion complexe d'ailleurs puisqu'elle englobe à la fois le type et les innombrables spécimens issus du type) l'auteur du *Symbolisme de la Croix* fait une constatation d'ordre archéologique :

« La plupart des doctrines traditionnelles symbolisent la réalisation de l'Homme universel par un signe qui est partout le même c'est le signe de la croix » (Chap. III).

On peut en effet, nous l'avons vu, admettre l'existence des croix pré-chrétiennes en un petit nombre d'exemplaires.

Ces croix symbolisaient-elles vraiment l'Homme Universel dans l'esprit des anciens qui les ont vénérées ? Ce serait à voir ? On peut se demander si Guénon n'est pas lui-même l'inventeur de cette interprétation et s'il ne saisit pas là une bonne occasion de trouver des croix religieuses avant qu'il n'y ait eu le Calvaire. Toujours est-il qu'il adopte la croix comme ayant été, de tout temps, le symbole de l'Homme universel. Il faut reconnaître d'ailleurs qu'une certaine logique lui donne raison puisque le symbole cruciforme schématise en effet un homme les bras étendus horizontalement.

Comment va se réaliser l'incorporation de l'homme cruciforme avec la croix absolue ? Elle n'est possible que si l'homme que l'on veut faire coïncider avec la croix possède, comme elle, quatre bras. C'est le cas, précisément, de certaines divinités de l'Inde. Mais Guénon ne semble pas s'être soucié de cette difficulté ; il n'en parle pas. Il est vrai qu'il raisonne dans l'abstrait. Sa croix absolue est abstraite puisqu'elle est un système de coordonnées à trois dimensions. Quant à son Homme universel, il est transcendant. Il est facile à deux nuages de se compénétrer.

Retenons cependant que Guénon ressent la nécessité d'associer l'homme-type avec la croix, laquelle devient ainsi le symbole unique représentant à la fois l'univers physique et l'homme métaphysique. La croix absolue va pouvoir porter désormais un deuxième nom : celui de croix métaphysique.

Il reste cependant que l'homme réel ne se plaque pas facilement contre la croix absolue. Aussi n'est-ce pas l'homme réel que l'on va y mettre. Pour procéder à cette adaptation difficile, en d'autres termes pour réaliser la crucifixion idéale de l'homme-type sur la croix du Cosmos, R. Guénon les soumet tous les deux à une série de métamorphose qui vont les identifier.

LA LIGNE DES JALONS

Avant d'assister aux métamorphoses de la croix métaphysique et de l'homme universel, nous devons éclairer, dans la pénombre ésotérique au milieu de laquelle nous avançons, quelques jalons capitaux de notre religion, afin de ne pas nous perdre en route.

Rappelons-nous tout d'abord que le Principe Suprême du guénonisme n'est pas Dieu. Sans doute, il en présente quelques caractères, par exemple l'infinité et l'unité. Mais il est un principe abstrait et non plus le « Dieu Vivant » de l'Écriture Sainte. Le Principe Suprême n'est ni bon, ni créateur, ni même existant. Il est, répétons-le, la Possibilité universelle. Certes la religion de Guénon comporte un dieu créateur, mais c'est un dieu « contingent » puisqu'il appartient au domaine de l'existence ; Il est donc déjà un être différencié ; il perd ainsi l'infinité et l'unité.

La manifestation n'est pas la création. L'univers dit « manifesté », dans le système guénonien, est issu du Principe suprême par une succession d'émanations automatiques. Tandis que la création de type chrétien est opérée par Dieu ex nihilo. Dieu a fait apparaître le monde là où il n'y avait rien. Et par conséquent la création demeure éternellement distincte du Créateur ; elle pourra être « glorifiée » par la suite, mais elle ne sera jamais totalement

« divinisée ». Il pourra y avoir fusion avec Dieu, mais jamais confusion.

Quant à l'Homme Universel, il est présenté comme l'archétype de l'humanité. Il occupe, dans la métaphysique de R. Guénon, une position analogue au Verbe Incarné dans notre religion. Mais on nous le décrit comme androgyne, c'est-à-dire comme « homme-femme'. Dans un prochain chapitre, nous étudierons cette notion d'androgynéité et nous verrons qu'elle est très éloignée des conceptions chrétiennes traditionnelles.

La réalisation, ou « délivrance », n'est pas la « vision béatifique ». Dans la doctrine chrétienne, la vision béatifique, c'est Dieu faisant Sa demeure dans l'âme qui s'est vidée d'elle-même pour recevoir « l'Hôte divin ». La réalisation métaphysique au contraire serait l'épanouissement d'un principe transcendant déjà présent dans l'homme dès sa naissance.

Nous verrons aussi que les « fins dernières » sont très différentes dans les deux doctrines. La théorie des Cycles fait prévoir un éternel recommencement, c'est-à-dire une reconstitution périodique de l'état primordial par un mécanisme naturel et automatique. Elle est donc incompatible avec la notion chrétienne du Royaume des Cieux qui est le passage de la création tout entière à un état nouveau et définitif, passage qui nécessite une intervention divine exceptionnelle.

S'il faut conserver ces distinctions et ces définitions présentes à l'esprit, c'est que R. Guénon ne s'attaque jamais directement aux dogmes chrétiens, de sorte qu'il ne provoque jamais la méfiance de ses lecteurs, surtout des lecteurs pressés que nous sommes tous plus ou moins aujourd'hui. Il semble même, dans un premier temps, adopter les grands principes chrétiens, mais c'est pour les transformer ensuite sous prétexte de leur donner un sens plus profond.

LA CROIX DEVENUE SPHÈRE

Quand un chrétien médite sur la Croix, la condition essentielle qu'il doit respecter est de conserver l'objet de sa méditation tel que l'Écriture et la Tradition le lui font connaître. La Croix historique est véritablement une donnée de la Révélation. Les changements que l'imagination apporterait à la scène du Calvaire entraîneraient des erreurs dans l'interprétation symbolique. Nul besoin de transformer le symbole pour le comprendre. Au contraire, le mystère de la Croix ne révèle sa substance que si on respecte ses formes matérielles.

R. Guénon, pour sa part, a devant les yeux, pour méditer, une croix qu'il a composée lui-même. Il n'est donc pas tenu d'en respecter la forme initiale. Et comme elle n'est pas chargée de reliques divines, humaines et historiques, il en est réduit à la transformer pour en extraire toutes les combinaisons et toutes les significations dont elle est susceptible.

Rien d'étonnant à ce que R. Guénon, tel que nous le connaissons maintenant soit allé chercher le sens profond de la Croix dans les doctrines de l'Inde. Les trois dimensions de la croix absolue représentent, selon lui, les trois Gunas hindous. Quelle définition donne-t-il des gunas ?

Le premier est sattwa qui désigne « la conformité à l'essence pure de l'Être ». C'est la lumière de la connaissance et c'est aussi la tendance ascendante.

Le deuxième est rajas qui désigne « l'expansion de l'être dans un état déterminé », c'est-à-dire le développement de ses possibilités à un certain niveau de l'Existence. C'est la tendance expansive sur la totalité du plan horizontal.

Le troisième est tamas qui désigne l'obscurité et l'ignorance. C'est la racine ténébreuse de l'être considéré dans ses états inférieurs. C'est la tendance descendante.

En résumé : rajas représente les deux dimensions du plan horizontal ; sattwa est l'axe ascendant et tamas l'axe descendant.

R. Guénon conclut cette triple définition en écrivant :

« On peut voir maintenant sans peine le rapport de tout ceci avec le symbolisme de la croix, que ce symbolisme soit d'ailleurs envisagé au point de vue purement métaphysique ou au point de vue cosmologique et que l'application en soit faite dans l'ordre macro-cosmique ou dans l'ordre micro-cosmique ». (Chap. V)

Nous remarquons tout de suite qu'il se contente de donner à la croix un sens métaphysique et un sens cosmologique, mais qu'il n'effleure même pas le sens surnaturel que les chrétiens lui reconnaissent. Sa croix, est donc seulement un prolongement Idéal de la nature mais elle n'appartient pas à l'ordre de la grâce.

Alors va commencer la transformation de la croix métaphysique. Et cette transformation est inspirée, on pouvait s'y attendre, par le livre sacré de l'hindouisme : le Veda. Or le Veda enseigne qu'à l'origine était « l'indifférenciation primordiale ». Tout était « tamas », c'est-à-dire obscurité. Mais voilà que le Suprême Brahma commanda un changement. Et tamas prit la teinte (c'est-à-dire la nature) de « rajas », intermédiaire entre l'obscurité et la lumière. Et rajas ayant reçu de nouveau un commandement revêtit la nature de « Sattwa ». Ainsi s'exprime le livre sacré de l'Inde.

Cette conversion primordiale des trois gunas, R. Guénon va la représenter graphiquement :

« Si nous considérons la croix à trois dimensions comme tracée à partir du centre d'une sphère, la conversion de tamas (axe descendant) en rajas (plan horizontal) peut être représentée comme décrivant la moitié Inférieure de la sphère, du pôle à l'équateur. Et la conversion de rajas en sattwa (axe ascendant) comme décrivant la moitié supérieure de la sphère, de l'équateur à l'autre pôle ». (Chap. V)

La croix absolue s'est donc convertie en une sphère par la rotation des axes. Désormais croix et sphère vont être intimement liées dans le symbolisme de R. Guénon et l'on ne saura plus laquelle engendre l'autre. Une équivalence finira par s'établir entre croix et sphère qui présenteront, en somme, la même signification symbolique.

On vient donc de créer, sous nos yeux, un symbole complexe associant croix et sphère. Ce symbole aura-t-il au moins une forme fixe et nettement définie ? Pas du tout, il restera essentiellement une notion abstraite. Et on nous explique pourquoi :

« Pour donner l'idée de la totalité, la sphère doit d'ailleurs, ainsi que nous l'avons déjà dit, être indéfinie, comme le sont les axes qui forment la croix et qui sont trois diamètres rectangulaires de la sphère ». (Chap. VI)

On va donc construire des raisonnements symboliques sur une figure mouvante, car la sphère est elle-même en cours d'expansion indéfinie.

« La sphère, étant constituée par le rayonnement même de son centre, ne se ferme jamais, ce rayonnement étant indéfini et remplissant l'espace tout entier par une série d'ondes concentriques, dont chacune reproduit les deux phases de concentration et d'expansion de la vibration initiale ». (Chap. VI)

L'EMPRISONNEMENT DE LA CROIX

Le symbolisme qui va donc nous être exposé dorénavant est celui de la croix à trois dimensions entourée de la sphère. C'est en somme un nouvel emblème que l'on pourrait appeler la croix-sphère. Il n'évince pas la croix chrétienne. Il la conserve mais il la modifie puisqu'il lui implante une branche supplémentaire et surtout il la circonscrit dans un globe, si nébuleux soit-il. Elle n'a plus son symbolisme propre. La voilà maintenant emprisonnée. Quelque chose d'encore vague, la sphère indéfinie et expansive, s'est superposée mollement à la croix, sans s'y opposer.

Nous allons passer désormais de la croix à la sphère, tantôt les considérant séparément, tantôt les observant ensemble. Ce qui frappe R. Guénon quand il observe sa croix métaphysique, c'est qu'elle est particulièrement apte à symboliser l'union des complémentaires. Or il existe, dans la philosophie hindouiste qu'il a toujours à l'esprit, deux complémentaires typiques et essentiels dont tous les autres sont dérivés par un processus de dégradation. Ces deux principes complémentaires sont « Purusha » et « Prakriti » qui occupent les deux pôles de la manifestation.

Le facteur actif de la manifestation est Purusha ; c'est aussi l'élément masculin. R. Guénon lui attribue, dans le symbolisme de la croix métaphysique, l'axe vertical. Le facteur passif universel est Prakriti, c'est aussi l'élément féminin. Il lui attribue le plan horizontal. La conclusion est évidente : l'intersection de cet axe et de ce plan symbolise l'union des complémentaires. Nous n'en disconvenons pas ; il y a là une concordance tout à fait exacte.

Mais de son côté, le chrétien qui regarde la croix chrétienne constate que son symbolisme, sous ce rapport encore, est beaucoup plus élevé, car il ne rend pas seulement compte d'une vérité naturelle ou môme métaphysique, mais il révèle un mystère d'ordre surnaturel ; il révèle une complémentarité dans l'ordre de la grâce et même dans l'ordre de la gloire, puisque la croix figure l'union de la nature divine avec la nature humaine, tandis que Purusha et Prakriti ne sont que des généralisations métaphysiques. En somme la croix chrétienne recèle bel et bien un symbolisme métaphysique, mais ce symbolisme est surpassé, ici comme toujours, par son symbolisme surnaturel. Et c'est précisément parce qu'il est surpassé qu'il devient évidemment secondaire et que l'on a tendance à l'oublier.

Or, l'ambition de R. Guénon n'est pas du tout de rendre vigueur à un symbolisme métaphysique de la croix qui aurait été oublié ou négligé. Elle est de subordonner le symbolisme religieux au symbolisme métaphysique. Elle consiste à prétendre que la signification religieuse de la croix est un simple cas particulier de sa vaste signification métaphysique. Et c'est à cette prétention que le chrétien ne peut absolument pas souscrire.

Observons en effet la croix absolue sans tenir compte de la sphère enveloppante. Quelle pourrait être sa signification du point de vue chrétien ? Elle est faite de deux croix contrariées et imbriquées l'une dans l'autre, de deux croix qui auraient en commun leurs axes verticaux. Si l'on invite les chrétiens à adopter cette croix double, c'est que l'on attribue à Jésus-Christ l'une des deux croix. Mais alors à qui attribue-t-on l'autre ? Notre Seigneur va-t-il partager la place avec un autre crucifié ? Et quel est donc ce « collègue » qui ne se nomme pas ? Ce collègue ne serait-il pas « l'adversaire » ? Il y a là un symbole absolument inacceptable pour tout chrétien un tant soit peu perspicace. Notre Dieu est un « Dieu jaloux » qui n'entend pas partager

Sa gloire : « Je ne donnerai pas Ma gloire à un autre ». Et le chrétien n'est pas non plus disposé à partager son adoration, surtout quand on ne lui dit pas avec qui !

Considérons maintenant la croix absolue à l'intérieur de son globe. La « croix-sphère » est un emblème inadmissible pour les chrétiens car la véritable place du Christ n'est pas à l'intérieur du globe, qu'il s'agisse du globe de l'univers ou de celui de la terre. La Croix du Christ doit indubitablement dominer la sphère. « Et Moi, quand J'aurai été élevé de terre, J'attirerai tout à Moi « (Jean, XII, 32). Cette attraction universelle est précisément l'une des opérations de la Grâce et l'un des traits de l'ordre surnaturel. L'élévation de la terre a commencé au Calvaire et elle s'est complétée à l'Ascension. Elle doit apparaître clairement dans l'authentique symbolisme de la Croix.

Décidément, la croix absolue, que nous la considérions seule ou enveloppée dans sa sphère, ne peut symboliser, pour un chrétien, que la volonté de donner au Christ une place secondaire, de le dominer et même de l'enfermer.

LA CRUCIFIXION IDÉALE

Nous avons remarqué plus haut qu'il est impossible de clouer un homme réel sur la croix à trois dimensions. Mais quel est donc cet attrait inconscient vers le Christianisme qui domine secrètement leur esprit et qui pousse R. Guénon et ses inspirateurs islamiques et hindouistes à imaginer un homme idéal apte néanmoins à être placé sur la prestigieuse croix ?

Toujours est-il que les règles du symbolisme le poussent à rechercher une « réalité transcendante » propre à coïncider avec la croix-sphère, résumé du cosmos, et à montrer, par cette coïncidence, l'harmonie de ce qui est en bas avec ce qui est en haut.

Cette réalité transcendante, il nous l'a déjà décrite, c'est l'Homme Universel. Cet archétype n'étant plus un homme réel, il va devenir beaucoup plus malléable et plus facile de l'intégrer à la croix métaphysique.

La croix métaphysique est bipolaire, avons-nous vu : elle présente un axe actif et un plan passif. Mais justement, l'homme universel, lui aussi, est à la fois actif et passif. Car on nous apprend qu'il est androgyne. Il est forcément en même temps homme et femme puisqu'il est universel, donc absolu, donc récapitulatif. Et du fait qu'il est androgyne, l'Homme universel est aussi, symboliquement, sphérique comme on va nous l'expliquer.

« Dans la totalisation de l'être, les complémentaires doivent effectivement se trouver en équilibre parfait, sans aucune prédominance de l'un sur l'autre. Il est à remarquer, d'autre part, qu'à cet « androgyne » est en général attribué symboliquement la forme sphérique, qui est la moins différenciée de toutes, puisqu'elle s'étend également dans toutes les directions, et que les Pythagoriciens la regardaient comme la forme la plus parfaite et comme la figure de la totalité universelle » (Chap. VI)

À la fois bi-polaire (comme la croix absolue) et sphérique, l'Homme universel va pouvoir s'intégrer dans la croix-sphère et réaliser ainsi la crucifixion Idéale, la « protocrucifixion » métaphysique dont celle du Calvaire ne sera que l'application dans un cas particulier. Voilà donc de nouveau un homme sur la croix sans que l'on sache encore très bien s'il cohabite avec Notre-Seigneur ou s'il Le remplace.

Mais il est temps d'arrêter ces développements, peut-être un peu trop abstraits. Nous les continuerons dans un prochain chapitre où nous étudierons cette curieuse notion d'androgyne, montrant qu'elle est tout à fait étrangère à la Tradition Apostolique.

CHAPITRE VI

LE MYTHE DE L'ANDROGYNE OU LE DÉMON SUBSTITUÉ AU CHRIST

– De la Croix au Vortex sphérique universel. – Une forme humaine à l'Invariable Milieu. – Le Symposion platonique. – Le discours d'Aristophane. – La boule androgynique. – La Bisection. – Les moitiés attractives. – Le délire sacré. – Les syzygies gnostiques. – Adam Kadmon.

DE LA CROIX AU VORTEX SPHÉRIQUE UNIVERSEL

Nous continuons notre analyse du livre de R. Guénon, « *Le Symbolisme de la Croix* ». Où en étions-nous restés ?

Nous avons assisté aux mutations que l'auteur fait subir à la croix chrétienne. Ces mutations lui ont permis, avons-nous vu, de subordonner la signification surnaturelle de la croix à une autre signification qu'il a déclarée plus haute et à laquelle il a donné le nom de *symbolisme métaphysique.* La croix rédemptrice est dès lors devenue pour lui le cas particulier d'un emblème métaphysique réputé plus essentiel.

Nous avons vu aussi que, pour obtenir ce résultat, Guénon a commencé par ajouter à la croix historique de Notre-Seigneur, une troisième branche qui la rend inapte à recevoir un crucifié et qui en fait un système de coordonnées rectangulaires à trois dimensions. C'est à ce système qu'il donne le nom de *croix absolue.*

Puis il a procédé à une seconde transformation. Il a augmenté le nombre des rayons jusqu'à l'infini, submergeant ainsi la croix initiale dans sa propre multiplication. Enfin, il a disposé, autour de cet épi de rayons, une sphère enveloppante. À cette association de la croix et de la sphère, il donne maintenant le nom de *Vortex sphérique universel,* lequel symbolise l'existence totale.

Mais le vortex n'est pas une figure fixe et stable. C'est un symbole pulsatile, animé qu'il est d'une ondulation permanente sous l'effet des vibrations du centre. La sphère du vortex est réalisée par la propagation, sur les innombrables rayons, des ondes dont le centre est l'origine. Malgré ses vibrations cependant, le centre est appelé, comme dans les religions d'Extrême-Orient, *l'Invariable Milieu*.

Mais alors qui va-t-on placer au centre du vortex ? Car il y faut bien une forme humaine. Le Christ, ancien occupant de la Croix, a laissé une place vide qui reste imprégnée d'une incontestable nostalgie. À ce Christ que l'on a évincé, il faut substituer une figure plus générale. Ce sera *l'Homme Universel*, parce qu'on le retrouve, nous assure-t-on, dans toutes les religions. Et il sera androgyne pour être plus « total ».

Voilà donc *l'androgyne* détrônant le Christ au centre symbolique du monde, et s'installant dans le vortex en une crucifixion idéale. Mais Guénon va exposer les conditions que l'androgyne devra remplir pour avoir une représentativité absolument universelle. Son raisonnement vaut la peine d'être examiné, parce qu'il révèle la signification profonde qu'il attribue à l'androgyne.

UNE FORME HUMAINE À L'INVARIABLE MILIEU

Voici d'abord en quels termes R. Guénon définit l'homme universel :

« L'homme universel, en tant qu'il est représenté par l'ensemble « *Adam-Ève* », a le nombre d'Allah. Ce nombre, qui est 66, est donné par la somme des valeurs numériques des lettres formant les noms *Adam wa Eawa*. Suivant la genèse hébraïque[1] l'homme, créé mâle et femelle, c'est-à-dire dans un état androgynique, est « à l'image de Dieu ». L'état androgyne originel est l'état humain complet dans lequel les complémentaires, au lieu de s'opposer, s'équilibrent parfaitement » (*Symbolisme de la Croix*, chap. III).

L'homme universel ainsi défini va être placé symboliquement à *l'Invariable Milieu*. C'est là en effet que se place logiquement l'androgyne, c'est-à-dire au centre du vortex sphérique universel qui n'est pas autre chose que l'ancien centre métamorphosé de la Croix chrétienne.

Guénon va maintenant s'élever d'un degré dans ses considérations métaphysiques. Il va envisager cet « Invariable Milieu » non plus comme le centre de la seule humanité, mais comme le centre de l'univers tout entier,

---

[1] Cette allégation de Guénon est un mensonge ; la Genèse (I, 27) dit en effet : « homme et femme Il les créa » (NDLR).

avec tous les êtres matériels et spirituels qui le composent. Il constate alors que l'androgyne, s'il représente valablement toute l'humanité puisqu'il est bi-sexué, ne saurait représenter l'univers tout entier.

Pour représenter convenablement la totalité universelle, il faut un symbole, non plus bi-sexué, mais tout à fait a-sexué, tout à fait neutre. Il faudrait même, en toute logique, un symbole absolument dénué d'anthropomorphisme et de géocentrisme. Écoutons Guénon nous expliquer pourquoi.

« Nous devons maintenant insister sur un point qui, pour nous, est d'une importance capitale : c'est que la conception traditionnelle de l'être, telle que nous l'exposons ici, diffère essentiellement de toutes les conceptions anthropomorphiques et géocentriques dont la mentalité occidentale s'affranchit si difficilement... La métaphysique pure ne saurait, en aucune façon, admettre l'anthropomorphisme » (*Symbolisme de la Croix*, Chap. XXVI).

Il revient souvent sur cette idée, qui est importante en effet, en matière de symbolisme :

« L'humanité, au point de vue cosmique, joue réellement un rôle central par rapport au degré d'existence auquel elle appartient, mais seulement par rapport à celui-là et non pas, bien entendu, par rapport à l'ensemble de l'Existence universelle, dans lequel ce degré n'est que l'un quelconque parmi une multitude indéfinie, sans rien qui lui confère une situation spéciale, par rapport aux autres ». (*Symbolisme de la Croix*, Chap. XXVIII).

Un symbole anthropomorphique n'est donc pas suffisant, pense-t-il, pour signifier l'existence universelle dans sa totalité. À ce point du raisonnement, on se serait attendu à voir ériger, en symbole de totalité, un être ou tout du moins une entité théorique, qui ne serait ni anthropomorphique, ni géocentrique et qui serait dénuée de toute distinction sexuelle Or, les chrétiens connaissent précisément un être qui remplit ces conditions et qui donc ferait remarquablement l'affaire pour remplir ce rôle : c'est Lucifer.

Ce n'est justement pas cet être que Guénon va choisir, lui pourtant, qui est toujours si logique dans la conduite de ses raisonnements. Il va, cette fois, renâcler devant une déduction aussi extrême et il va revenir, pour tenir le rôle de symbole central, à une entité anthropomorphique, plus exactement à l'androgyne. Il explique d'ailleurs ses raisons, mais on est étonné de constater qu'elles résident essentiellement dans une commodité de langage.

« Si tout anthropomorphisme est nettement antimétaphysique et doit être rigoureusement écarté comme tel, un certain anthropocentrisme peut, par contre, être regardé comme légitime » (*Symbolisme de la Croix*, chap. XXVIII).

Et cet anthropocentrisme, ajoute Guénon, peut être regardé comme légitime parce que, dans le langage courant, la notion d'homme est susceptible de « transpositions analogiques ». C'est ainsi, dit-il, que l'on peut distinguer quatre degrés très différents : l'homme ordinaire ou commun, l'homme véritable ou parfait, l'homme transcendant qui a acquis l'immortalité virtuelle, et enfin l'Homme universel qui a acquis l'immortalité réelle pour s'être identifié avec l'archétype.

« Il ne peut être question d'anthropocentrisme que dans un sens restreint et relatif, mais cependant suffisant pour justifier la *transposition analogique à* laquelle donne lieu la notion d'homme et, par conséquent, la dénomination même de l'Homme Universel » (*Symbolisme de la Croix*, chap. XXVIII).

C'est donc en vertu d'une transposition analogique que Guénon fera jouer, à une figure d'homme, l'androgyne, le rôle symbolique central, bien que ce rôle soit, en métaphysique pure, au-dessus de la condition humaine ordinaire et commune. Nous voilà donc revenus à l'androgyne, à titre d'approximation nécessaire, pour figurer, au centre de la croix absolue devenue vortex sphérique, non seulement l'humanité, mais l'existence universelle tout entière.

Tel est l'Homme Universel, androgyne *désincarné*, décrit par R. Guénon. Sa nature, le chrétien l'a bien compris, est plus angélique qu'humaine. Son rôle symbolique, dans le système que nous exposons, se situe entre le Ciel et la Terre, à l'intersection du plan horizontal de l'expansion et de l'axe vertical de l'extension :

« Le Ciel et la Terre étant deux principes complémentaires, l'un actif l'autre passif, leur union peut être représentée par la figure de *l'androgyne* ». (*Symbolisme de la Croix*, Chap. XXVIII).

Le *Symposion* platonique

Mais d'où provient donc ce fameux androgyne pour constituer un symbole si important ? Il est bien évident que R. Guénon n'a découvert lui-même ni la notion ni le nom. On trouve des divinités hybrides dans les mythologies les plus archaïques. C'est ainsi que les anciens Grecs connaissaient le personnage d'*Hermaphrodite,* fils d'Hermès (Mercure) et d'Aphrodite (Vénus) ; une naïade, qui s'éprit de lui sans espoir, pria les dieux de ne faire de leurs deux corps qu'un même être ; et elle fut exaucée. Hermaphrodite est donc l'être mixte formé par la fusion du fils de Mercure et d'une naïade.

René Guénon qui a d'ailleurs été suivi par toute l'école ésotérique moderne, a repris cette idée d'une divinité hybride, mais il lui donne une importance qu'elle n'avait jamais eue, puisqu'il fait de *l'androgynie* une caractéristique semi-cosmique en même temps que demi-divine.

Nous entendons par *école ésotérique* cette famille spirituelle à laquelle on donnait avant la guerre de 39-45 le nom de « mouvement occultiste ». Le mouvement occultiste s'est perpétué et il se trouve aujourd'hui en pleine vigueur ; la doctrine de fond est restée la même, elle n'a fait que changer de présentation et cela précisément sous l'influence en grande partie de R. Guénon. À l'épithète ésotérique, il faudrait aussi en ajouter d'autres, car cette école est aussi hermétique, gnostique, alchimique, en même temps d'ailleurs que védantiste et soufiste, et bien d'autres choses encore. Mais il est difficile de tout dire à la fois et il nous a semblé que le nom d'école ésotérique était le plus apte à résumer tous ses caractères.

Les membres de cette dangereuse école de pensée tiennent l'androgyne comme l'une des notions les plus constantes dont ils aient hérité de la « Tradition Universelle » ou tout au moins de ce qu'ils appellent ainsi. Car nous savons que la tradition dite universelle diffère nettement, dans son contenu comme dans ses modalités, de la *Tradition Apostolique* dont l'Église est la gardienne et la maîtresse (*custos et magistra*).

Quand ils veulent donner des preuves de l'ancienneté et du sérieux de la tradition androgynique, les ésotéristes modernes citent le Banquet de Platon. On sait que cet ouvrage illustre relate les discours prononcés par les convives d'un repas solennel (en grec *symposion* et en latin *convivium*) offert, chez lui par le comédien Agathon à ses amis, pour fêter avec eux la couronne de tragédie qui venait de lui être décernée. L'ouvrage s'appelle « Le Banquet ». Platon étant le narrateur, on parle du « Banquet de Platon » ; mais on dit tout aussi bien « Le Banquet d'Agathon », du nom de l'hôte, dans la maison duquel s'est déroulée la réception.

Il avait été décidé que les discours de tous les convives, dans ce « dîner-débat » tourneraient autour du sujet de l'amour. Chacun le traita selon ses propensions : les uns sous un jour plaisant et fantaisiste, les autres de façon profonde et philosophique. Aristophane, l'auteur comique, qui assistait au banquet, traita le sujet de *l'androgyne*. Comme nous allons le voir, il ne craignit pas de déchaîner l'hilarité.

LE DISCOURS D'ARISTOPHANE

« Oui, c'est mon intention, commence Aristophane, de parler dans un autre sens... Mon opinion est en effet que les hommes n'ont absolument pas connaissance de ce qu'est le pouvoir de l'amour... il n'y a pas de dieu qui soit plus que lui ami de l'homme... Je m'efforcerai donc de vous révéler quel est son pouvoir ; et, en vous, les autres à leur tour trouveront qui les instruise.

« Mais ce que vous devez apprendre en premier lieu, c'est quelle est la nature de l'homme et quelles ont été ses épreuves. C'est qu'en effet, au temps jadis, notre nature n'était point identique à ce que nous voyons qu'elle est maintenant, mais d'autre sorte.

« Sachez d'abord que l'humanité comprenait *trois genres* et non pas deux : mâle et femelle, comme à présent. Non, il en existait en outre un troisième, tenant des deux autres réunis et dont le nom subsiste encore aujourd'hui, quoique la chose ait disparu. En ce temps-là, *l'Androgyne* était un genre distinct et qui, pour la forme comme pour le nom, tenait des deux autres, à la fois du mâle et de la femelle. Aujourd'hui ce n'est plus au contraire qu'un nom chargé de ridicule ».

C'est là d'ordinaire que les ésotéristes modernes arrêtent leur citation du « Banquet d'Agathon ». Ce début de citation leur suffit pour montrer que Platon a recueilli la tradition androgynique et qu'il l'a transmise fidèlement. Et ils ont raison d'arrêter là leur citation, car ils sont en général partisans de l'origine et des finalités androgyniques de l'homme et s'ils continuaient le discours d'Aristophane, ils ruineraient le sérieux de la tradition sur laquelle ils se basent.

LA BOULE ANDROGYNIQUE

« En second lieu, continue Aristophane (transcrit par Platon) la forme de chacun de ces hommes était d'une seule pièce, avec un dos tout rond et des flancs sphériques. Ils avaient quatre mains et des jambes en nombre égal à celui des mains. Puis, au-dessus d'un cou d'une rondeur parfaite, deux visages absolument pareils l'un à l'autre ; tandis que la tête, attenant à ces deux visages placés à l'opposé l'un de l'autre, la tête était unique. Leurs oreilles étaient au nombre de quatre ; leurs parties honteuses en double. Tout le reste, enfin, à l'avenant de ce que ceci permet de se figurer.

« Quant à leur démarche, ou bien elle progressait en ligne droite, comme à présent, dans celui des deux sens qu'ils avaient en vue, ou bien, quand l'envie leur prenait de courir rapidement, elle ressemblait alors à cette sorte de pirouette, où, par une révolution des jambes qui ramène à la position droite, on fait la roue en culbutant. Comme, en ce temps-là, ils avaient huit membres pour leur servir de point d'appui, en faisant la roue, ils avançaient avec rapidité ».

Vient ensuite un paragraphe où l'on discerne que l'origine de la notion androgynique ne se trouve pas dans la philosophie récente mais qu'elle est à rechercher dans l'ancienne mythologie polythéiste ; origine antique qui ne semble pas avoir intimidé beaucoup la verve satirique d'Aristophane.

LA BISECTION

« Et pourquoi maintenant, les genres étaient-ils au nombre de trois et ainsi constitués ? C'est que le genre mâle était originairement un rejeton du soleil ; le genre féminin, de la terre ; celui enfin qui participe des deux, un rejeton de la lune, vue que la lune participe elle aussi des deux autres astres. Or, si justement ils étaient orbiculaires (en forme de houle) et dans leur structure et dans leur démarche, c'était à cause de leur ressemblance avec ces parents-là.

« Ils étaient, en conséquence, des êtres d'une force et d'une vigueur prodigieuses. Leur orgueil était immense : ils allèrent jusqu'à s'en prendre aux dieux. L'histoire d'Ephiate et d'Otus que raconte Homère, leurs tentatives d'escalade du ciel, c'est les hommes d'alors qu'elle concerne : ils voulaient, en effet, s'attaquer aux dieux ».

Aristophane va maintenant nous raconter la bisection, c'est-à-dire le partage en deux moitiés, de nos prétendus ancêtres androgynes. Zeus, nous révèle-t-il, prit la parole et dit :

« Si je ne me trompe, je connais un moyen pour qu'à la fois il puisse y avoir des hommes, et que cependant ceux-ci mettent un terme à leur indiscipline, du fait qu'ils auront été affaiblis. Je m'en vais en effet, poursuit Zeus, couper par la moitié chacun d'eux ; et de la sorte, en même temps qu'ils seront plus faibles, ils nous rapporteront aussi davantage parce que leur nombre se sera accru. Ainsi, ils marcheront tout droit sur leurs jambes. Mais si pourtant nous les voyons persévérer dans leur arrogance et qu'ils ne veuillent pas nous laisser en paix, alors de nouveau je les couperai encore en deux, de façon que désormais ils avancent sur une jambe unique, à cloche-pied ».

Les moitiés attractives

Et voilà qu'Aristophane se décide à mêler un peu de philosophie à la bouffonnerie ; mais c'est de telle sorte que l'on ne sait plus où commence l'une et où finit l'autre.

« Dans ces conditions, poursuit-il, le sectionnement avait dédoublé l'être naturel. Alors, chaque moitié soupirant après sa moitié, la rejoignit. S'empoignant à bras le corps, l'une à l'autre enlacées, s'attachant à ne faire qu'un même être, les moitiés finissaient par tomber toutes les deux d'inanition ».

Puis Aristophane se met à disserter sur les conséquences psychologiques actuelles de cette commune origine de l'homme et de la femme. Il explique, par cette origine androgynique, non seulement leur attrait réciproque naturel, mais aussi les inversions pathologiques de cet attrait. Voici son explication : il raconte qu'il arrivait aux moitiés d'androgyne, ainsi amputées et errantes, de se tromper de partenaire et de tomber fortuitement, non plus sur une moitié complémentaire, mais sur une moitié identique. Mais l'attrait était si grand qu'elles s'empoignaient néanmoins avec la même énergie. Nous n'étonnerons personne en disant qu'Aristophane, brodant sur ce thème, obtient des effets d'une cocasserie énorme.

Peut-on, après cela, affirmer comme le font la plupart des ésotéristes contemporains, que Platon, qui est en définitive le vrai rédacteur des discours d'Aristophane, souscrivait à la réalité de notre ascendance androgynique ? Une telle déduction est tout à fait invraisemblable, étant donné le ton ironique dont il use. Il est plus logique de penser que Platon s'est contenté de rapporter là une vieille légende, mais qu'il n'a cependant pas cru à sa vérité fondamentale ; et c'est pourquoi il l'a finalement ridiculisée.

LE DÉLIRE SACRÉ

Le vieux mythe a, sans nul doute, véritablement existé, en tant que légende transmise. Les écrivains de l'école ésotérique moderne se sont attachés à en déceler les diverses manifestations. Dans les théogonies de l'antiquité païenne, ils les découvrent principalement à trois niveaux.

On remarque bien souvent, disent-ils, une incontestable androgynie au sein même de la divinité créatrice, tout au moins dans les théogonies qui comportent une telle divinité. Dans les autres ; c'est l'agent démiurgique qui présente les caractères de bisexualité.

Ces mêmes caractères sont encore plus faciles à mettre en évidence dans les divinités secondaires, celles que l'on appelle couramment les idoles. Nous avons relaté le cas le plus typique, celui du fils d'Hermès et d'Aphrodite qui fut associé à une naïade. De même « le panthéon de l'Égypte ancienne est riche en divinités ambiguës », écrit Jean Libis dans son livre « *Le Mythe de l'Androgyne* » (Berg-International, Paris, 1980).

Quant aux légendes relatives à l'origine de l'humanité, elles révèlent souvent l'existence d'un ancêtre fabuleux et hybride quand ce n'est pas toute une race primitive qui est androgyne comme c'est le cas dans le mythe recueilli par Platon dans « Le Banquet ».

On peut admettre, en effet, que les religions antiques ont élaboré et transmis cette idée d'androgynie primordiale, aussi bien divine qu'humaine, même si cette notion n'est pas aussi ancienne et aussi universelle que le disent les représentants de l'école ésotérique. Admettons-la donc en principe, quitte à discuter ensuite son ancienneté et son universalité, si c'est nécessaire.

Reste à savoir quelle est l'origine de cette notion. Elle relève évidemment de la même inspiration que tous les autres mythes païens. Et quelle est cette inspiration ? Par qui donc tous ces mythes ont-ils été inspirés ? C'est une question qui n'est certes pas nouvelle. La réponse que l'Église lui donnait autrefois a été perdue de vue sous l'effet des objections de la philosophie profane. Nous avons consacré à ce sujet le chapitre XXIII de notre « *Abrégé de démonologie* », chapitre intitulé « *Les démons du paganisme antique* ».[2]

---

[2] Ed. Saint-Rémi.

Quelle est donc la réponse de l'Église à cette question ? Les divinités du paganisme sont des démons. Le paganisme a divinisé les vices et il les a adorés. C'est ce que résume ce verset des Psaumes : « Tous les dieux des nations sont des démons » (Ps., XCV, 5). Derrière les idoles, par la bouche des Pythies et des Sybilles, c'étaient des démons qui parlaient, proférant ce qu'il fallait pour perpétuer leur culte. Le *délire sacré* des devins et des devineresses n'est qu'une forme de ce que nous appelons maintenant, dans la terminologie chrétienne, « la fausse mystique ».

Et qu'est-ce que la fausse mystique ? C'est cette mystique hybride qui résulte d'une collaboration entre l'inspiration démoniaque et l'imagination humaine. Il ne fait pas de doute que l'androgynie primordiale qui apparaît dans les légendes des théogonies et des cosmogonies des nations païennes a pour origine la fausse mystique, celle qui est, en dernière analyse, dirigée par les démons.

C'est d'autant plus vraisemblable que l'androgyne, chez lequel les deux sexes se neutralisent, possèdent déjà par cela même une première ressemblance avec la nature angélique qui n'est précisément pas faite pour la reproduction, et qui est encore, on le sait, celle des démons.

Les *Syzygies* gnostiques

Le vieux mythe, donc, fut suffisamment vivace pour parvenir jusqu'à nous. Et pourtant, il a toujours rencontré sur son chemin des adversaires. Ce qui prouve qu'il n'a pas été aussi unanimement accepté qu'on le dit. L'école ésotérique moderne, cependant si favorable au vieil androgyne, n'en disconvient pas. Elle le souligne même, comme c'est le cas en particulier chez Jean Libis dont nous avons cité l'ouvrage. Les trois adversaires généralement cités sont : le légalisme, le judaïsme mosaïque et l'Église catholique.

Le légalisme de la cité antique, en Grèce, comme à Rome et comme partout, ne s'apitoyait pas sur les malheureux enfants qui naissaient porteurs des deux sexes : on les exécutait. Cette sévérité prouve que, aux yeux de la conscience civique, l'éventuel préjugé religieux qui aurait pu jouer en faveur de ces « vestiges ancestraux » ne pesait pas bien lourd. Ce que l'on voyait officiellement, dans la bisexualité, c'était avant tout une malformation et non pas un reste sacré.

Le judaïsme mosaïque de la Synagogue fut toujours hostile à l'androgyne, tant en Dieu qu'en Adam. Et les ésotéristes nous donnent pour raison de cette hostilité que le judaïsme était encombré par une misogynie, ou si l'on préfère par une andocratie, qui n'était au fond qu'une déviation et une anomalie passagère. Quand, après la dispersion du peuple juif, disent-ils, une plus grande liberté d'esprit fut recouvrée, l'androgyne ne tarda pas à faire sa réapparition dans les divers courants de la mystique juive.

Enfin, l'Église s'est toujours montrée très défavorable à la notion androgynique. Les représentants de l'école ésotérique en voient la cause dans la misogynie dont elle aurait hérité de la Synagogue.

Tels furent les trois principaux ennemis de l'androgyne. Tels furent ceux qui l'ont combattu. C'est donc par les voies ésotériques de la Gnose qu'il a survécu, antérieurement puis postérieurement à l'établissement de l'Église.

La vieille légende va prendre, dans les divers systèmes gnostiques, de nouvelles formes. Nous ne pouvons pas les décrire toutes et nous prendrons un seul exemple, celui de la doctrine de Valentin.³

La théologie de Valentin comporte une système de huit divinités primordiales, auquel il donne le nom d'*Ogdoade*. Mais cette ogdoade se réduit à quatre divinités seulement parce qu'elles sont associées par couples.

Demandons à saint Irénée, un des grands adversaires de la gnose, de nous décrire ce système :

« Et voilà l'Ogdoade primitive, racine et substance de toutes choses, qui porte chez les gnostiques quatre noms Abîme, Intelligence, Logos et Homme. Chacun de ces principes est en effet à double sexe ».

Il n'y avait que quatre noms pour huit divinités, car elles étaient accouplées. Telles étaient les *quatre Syzygies* valentiniennes. Le mot de syzygie signifie « couple ». L'Abîme formait couple avec le Silence, l'Intelligence avec la Vérité, le Logos avec la Vie. Et l'homme avait pour épouse l'Église.

---

[3] Hérésiarque gnostique du IIe siècle après N.S.J.C. ; Il naquit en Égypte et enseigna à Rome (NDLR).

Les ésotéristes modernes ont exhumé ces quatre syzygies gnostiques, heureux de retrouver ces quatre androgynes, pour faire la soudure avec les élaborations « mystiques » du Moyen Age.

ADAM-KADMON

Si, sous l'empire de l'ancienne loi, les Docteurs de la Synagogue avaient réussi à écarter de la religion juive cette notion trouble et néfaste de l'androgyne, il n'en fut pas de même, après la ruine de Jérusalem, des Rabbins qui organisèrent les nouvelles communautés. Les mythes païens, autrefois maintenus tant bien que mal en lisière, devinrent, chez les contemplatifs de la Diaspora, de véritables thèmes de méditations mystiques. Deux de ces thèmes sont inspirés, de près et de loin, de l'antique Hermaphrodite. Ce sont : Adam-Kadmon et l'arbre séphirothique.

Adam-Kadmon est l'équivalent juif de l' « Homme Universel » de l'Islam. Il est considéré comme l'archétype de l'humanité dans la pensée divine ; il est souvent figuré comme androgyne ou plutôt comme a-sexué. Adam-Kadmon est une entité théologique ; il ne faut pas la confondre avec l'Adam terrestre décrit dans la Genèse par

Moïse. Adam-Kadmon est un homme théorique et archétypal.

Mais le premier homme terrestre, lui aussi, l'Adam de la Genèse, est déclaré androgyne dans les commentaires très libres qui forment la littérature cabalistique. Tantôt Adam et Ève sont représentés comme formant primitivement un seul être, analogue à l'androgyne d'Aristophane, tantôt c'est Adam seul qui est homme à droite et femme à gauche, avant d'être fendu par Dieu en deux moitiés. Dans tous ces commentaires androgyniques, le texte hébreu de la Genèse est largement transgressé et il ne sert plus qu'à justifier vaguement des élucubrations sans règle.

Le deuxième thème cabalistique dans lequel on voit apparaître l'androgyne est l'arbre séphirothique. Plutôt qu'un arbre, c'est un schéma qui rassemble les fameuses *Dix Sephiroth*. Au singulier, chaque Sephira peut se définir de deux manières. Une séphira est un nombre divin créateur : Dieu aurait fait ses œuvres en prononçant certains chiffres dont la seule évocation possédait une puissance créatrice. Mais une Sephira, c'est aussi un attribut divin, plus ou moins hypostasié, c'est-à-dire personnifié.

Le graphique qui réunit les dix séphiroth présente, en gros, la forme d'une arborescence ; c'est pourquoi on l'appelle l' « arbre séphirothique ». Les entités dont ils se composent peuvent, dit-on, se répartir en deux groupes : le groupe masculin à droite et le groupe féminin à gauche.

De telle sorte que l'arbre séphirothique est androgyne, ayant un côté mâle et un côté femelle.

Bref, chez les juifs de la Diaspora, on retrouve l'androgynie non seulement dans l'ancêtre commun des hommes, mais encore en Dieu, ainsi que nous l'avons vu dans les mythes du paganisme.

S'agit-il de la conservation d'un vestige venant de la Gentilité antique, ou bien s'agit-il d'une élaboration nouvelle des contemplatifs de la cabbale ? C'est cette deuxième hypothèse qui est plutôt suggérée par l'ouvrage de Scholem « *Les Grands courants de la Mystique juive* ».

Nous verrons, dans notre réfutation, que le texte de la Genèse n'oblige pas du tout à conclure à l'androgynie d'Adam. Bien au contraire. Car, dans un prochain chapitre, après avoir terminé la filière qui a conduit l'androgyne jusqu'à nos jours, nous en ferons la critique du point de vue de l'orthodoxie chrétienne et nous essayerons de déterminer de quelle inspiration ce mythe bizarre peut bien être le fruit.

CHAPITRE VII

L'IMPOSTURE GUÉNONIENNE LE MYTHE DE L'ANDROGYNE OU LE DÉMON SUBSTITUE AU CHRIST

- Le Rebis alchimique - Le Cordonnier de Gërlitz - Séraphitus – Séraphita - L'inconscient collectif - La fascination hermaphrodite - La contagion gagne - Le serpent Ouroboros - La substitution finale

LE REBIS ALCHIMIQUE

Par quel nom faut-il désigner *l'état hybride* de « l'homme-femme » qui serait, dit-on, notre ancêtre ? Faut-il dire androgynat, androgynité ou androgynie ? Dans la littérature gnostique et ésotérique contemporaine, on rencontre alternativement ces trois dénominations. Nous choisirons *androgynie,* par analogie avec le mot déjà ancien de misogynie qui présente la même désinence.

Les représentants de l'école guénonienne se sont attachés à retrouver la filière androgynique chez les auteurs religieux et surtout profanes du moyen âge. Et ils n'ont pas eu grand mal à l'y retrouver. Bien que tout à fait contraire à l'esprit réaliste du Christianisme, la fable qui nous occupe s'est perpétuée chez des penseurs que nous appellerions aujourd'hui marginaux et qui eurent, plus ou moins gravement, maille à partir avec les autorités ecclésiastiques et royales.

Parmi les adeptes et propagateurs de cette idée si peu chrétienne, on cite d'ordinaire *Macile Ficin* qui fut chanoine de la cathédrale de Florence, au XVe siècle. Il était néo-platonicien passionné et professait une grande admiration pour le contenu mythique du « discours d'Aristophane » dans le Banquet d'Agathon, discours qu'il prenait fort au sérieux. Nul doute pour lui qu'il existât une androgynie archétypale et que ces êtres hybrides, ronds et puissants, n'aient été nos véritables ancêtres.

Que le mythe de l'androgyne se retrouve aussi, et a fortiori, chez les *alchimistes,* c'est ce qui n'étonnera personne. Seulement il faut savoir que l'androgyne alchimique présente deux caractéristiques. Tout d'abord, il apparaît sous des formes particulièrement énigmatiques et il faut le plus souvent savoir le découvrir sous des circonlocutions bizarres ; on s'en doute quand on connaît les habitudes de langage si particulières de ces écrivains. Et ensuite, il revêt une nature, non plus théologique, mais cosmologique, car les alchimistes sont surtout orientés vers la philosophie du cosmos.

Parmi les noms qu'ils donnent à leur androgyne, l'un des plus fréquents est celui de *Rebis,* littéralement « la chose double ». Et la chose double se retrouve partout dans la nature car le cosmos est, pour les alchimistes, un immense androgyne, avec sa polarité mâle et sa polarité femelle. Cette double polarité se répercute à tous les étages de l'univers.

Nous ne pouvons pas suivre ici, dans le détail, toute la filière androgynique chez les hermétistes, les alchimistes et les rosicruciens du moyen âge. Et nous admettons les preuves d'érudition telles qu'elles ont été réunies par l'école d'ésotérique actuelle qui a, en effet, très bien élucidé cette filiation clandestine.

Mais, bien entendu, tout en acceptant l'existence et les modalités de cette « tradition androgynique », nous maintenons qu'elle n'appartient pas à la véritable Tradition apostolique dont l'Église est gardienne. L'androgyne est certes véhiculé par une tradition, mais ce n'est pas la Tradition chrétienne authentique, à laquelle ce mythe est toujours resté étranger.

LE CORDONNIER DE GÖRLITZ

Dans le premier quart du XVIIe siècle, à l'époque où Henri IV et Louis XIII régnaient en France, on publia en Allemagne les étranges visions de Jacob Böhme, le fameux cordonnier de Görlitz, petite ville prussienne de Silésie, sur la Neisse, à peu près à égale distance de Leipzig et de Breslau.

Le *Philosophus teutonicus*, puisque tel est le titre qui lui fut donné, expose dans ses écrits les données mystiques dont sa nature exaltée l'avait gratifié. Lui-même les tient pour d'authentiques révélations divines, en tous cas c'est ce qu'il en dit. Mais au regard du chrétien, elles appartiennent indubitablement à la catégorie de la *fausse mystique*.

Selon les prétendues révélations de Jacob Böhme, Adam aurait primitivement été androgyne. Il possédait, écrit-il, les deux « *teintures sexuelles* », ce qui lui procurait la « totalité humaine », c'est-à-dire la plénitude de la force organique, en même temps que la connaissance des choses cachées. Puis il aurait commis une faute qui aurait consisté à se laisser envahir par le sommeil. La punition de cette faute fut sa séparation d'avec Ève. Du fait de cette mutilation, Adam perdit sa force physique et sa connaissance mystique. Il devint un animal. En revanche, Ève, parce qu'elle n'avait pas, en tant que telle, participé à la faute d'Adam, a pu jouer auprès de lui le rôle d'une compagne réparatrice, représentant la Sophia divine.

Pour Böhme donc, la faute précède la séparation des genres, tandis que, dans le texte de la Genèse, c'est le contraire : la faute est intervenue alors que les genres étaient distincts. On note aussi beaucoup d'autres divergences. Il est évident que

J. Böhme en use on ne peut plus librement avec l'Écriture et l'on se demande comment il pouvait croire à l'authenticité divine de ses visions.

Toujours est-il que l'androgyne fait, avec lui, une nouvelle réapparition. Mais ce n'est plus en qualité d'une réminiscence d'un mythe du passé ; c'est en tant que donnée mystique nouvelle et actuelle.

Les « révélations » de J. Böhme transportent l'androgynie jusqu'au sein de la Divinité. L'école ésotérique moderne le cite avec beaucoup de sérieux et elle fait du « philosophus teutonicus » un des grands docteurs de la mystique universelle.

Mircea Eliade s'y réfère dans son « *Méphistophélès et l'Androgyne* ». Il écrit ceci au chapitre II (page 147) :

« Pour Böhme, le sommeil d'Adam représente la première chute. Adam se détacha du monde divin et « s'imagina » submergé dans la Nature, et, par ce fait même, il se dégrada et devint terrestre. L'apparition des sexes est une conséquence de cette première chute ».

Ces mêmes illusions de voyance se sont reproduites chez bien des illuminés de cette époque et elles se sont perpétuées jusqu'à nos jours. Nous ne pouvons pas recenser ici toute cette floraison de fausse mystique. Nous citerons seulement le cas très typique d'Emmanuel Swedenborg.

Il était fils d'un évêque luthérien de Suède. Il a surtout écrit dans la seconde moitié du XVIIIe siècle, donc plus d'un siècle après J. Böhme. Il bénéficia, à l'en croire, d'innombrables visions de Dieu et des anges et il eut d'interminables conversations avec eux. Il en publie le récit dans de nombreux ouvrages, à la lecture desquels se régalent tous ceux qui aiment le charme onirique : « Les secrets célestes », « Choses entendues et vues au ciel et en enfer », « La Jérusalem céleste »,

« La science angélique et l'amour divin », « La vraie religion chrétienne ou la théologie de la Nouvelle Église ».

Emmanuel Swedenborg déclare qu'il est venu apporter sur la terre le sens spirituel des Écritures jusque-là inconnu.

Parmi ses révélations figure, en bonne place, l'androgyne et c'est pour cette raison que nous le mentionnons ici.

Nous voilà donc en présence d'un nouvel androgyne qui n'est plus traditionnel cette fois, mais mystique. J. Böhme et

E. Swedenborg n'ont pas recueilli l'idée androgynique par héritage d'une tradition antérieure. Ils l'ont réinventée de toute pièce. Elle se trouve chez eux « à l'état natif » selon le langage des chimistes. Ils l'ont reçue par révélation directe. Et, chose curieuse, le nouvel androgyne « mystique » coïncide traits pour traits avec l'ancien androgyne « traditionnel ».

Bref, ces deux visionnaires se sont comportés comme les devins de l'Antiquité païenne quand ils révélaient, de la part des dieux, c'est-à-dire de la part des démons cachés derrière les idoles, les mythes et les généalogies des divinités de l'Olympe. Böhme, Swedenborg et tous les autres nous révèlent le même mythe parce qu'ils ont, à des siècles d'intervalle, les mêmes inspirateurs, venus du *Puits de l'Abîme*.

SÉRAPHITUS - SÉRAPHITA

On connaît la grande influence que les visions de J. Böhme et les livres de E. Swedenborg ont exercé sur la première génération des romantiques allemands. Parmi les thèmes qu'ils ont emprunté au « Philosophus teutonicu », on peut faire remarquer celui de l'androgyne. C'est grâce aux romantiques allemands que ce mythe, à la fois ancien et nouveau, va prendre une extension populaire.

Nous ne rapporterons ici qu'un seul exemple de ces emprunts. Mais il y en aurait beaucoup d'autres à citer. François-Xavier Baader (1765-1841), d'abord naturaliste, devint ensuite philosophe et il professa à l'université de Munich. Son système présente un extraordinaire mélange de mysticisme et de saine critique. Il inclinait personnellement vers le Catholicisme paraît-il, mais à la condition qu'il eut été affranchi de la papauté, et il mettait l'Église grecque très au-dessus de l'Église latine.

On voit que F.-X. Baader a de quoi attirer les sympathies de l'école ésotérique moderne. Jean Libis, dans le livre « Le mythe de l'androgyne » cite de lui la phrase suivante, très caractéristique en effet :

« L'amour n'est vrai que si l'homme et la femme ne sont intérieurement ni homme ni femme ». Singulière conception.

F.-X. Baader estimait que notre effort sur la terre devait consister à hâter la restauration, d'ailleurs inéluctable, de notre androgynie primordiale. Car on commence à parler, un peu partout, d'une androgynie eschatologique, c'est-à-dire de l'androgynie considérée comme fin dernière de l'homme : quand arrivera la restauration de toutes choses, les hommes redeviendront, comme avant la chute, des êtres hybrides, donc parfaits, puissants et heureux.

F.-X. Baader n'est pas le seul écrivain romantique allemand qui ait été fasciné par l'androgyne. Jean Libis, qui en a fait le tour avec attention, cite également Karl Ritter :

« Les penseurs romantiques, plus dociles que leurs prédécesseurs aux sollicitations de l'inconscient, ont parfois bien ressenti, sans toutefois chercher à la théorétiser de manière systématique, la tragédie existentielle qui affleure dans la condition sexuelle de l'homme. C'est ainsi que pour Karl Ritter la différence des sexes est la cause de tous nos maux, de telle sorte que la *venue future de l'androgynat* est seule susceptible d'abolir notre *malheur ontologique* ». (*Le Mythe de l'androgyne*, page 223).

Arrêtons là les exemples pris chez les écrivains romantiques allemands pour arriver à un roman français de Balzac, intitulé « Séraphita ». Le héros de ce roman est tout simplement un hermaphrodite, dont le nom est double ; il s'appelle « Séraphitus-Séraphita ».

Quant à l'héroïne, elle se nomme Minna et elle est amoureuse de Séraphitus, de qui rayonnait une transcendante beauté :

« Nul type connu, écrit Balzac, ne pourrait donner une image de cette figure majestueusement mâle pour Minna, mais qui, aux yeux d'un homme, eut éclipsé, par sa grâce féminine, les plus belles têtes dues à Raphaël ».

Et Balzac nous fait redécouvrir, dans les développements qui suivent que l'essence de son héros est proprement *angélique,* d'où son nom « Séraphitus-Séraphita ». C'est, pour finir, un ange descendu sur terre ; un ange ou plutôt un démon.

Parmi les continuateurs français de ce thème « romantique allemand », on ne peut pas manquer de rappeler Josephin Peladan (mort en 1918) qui se donna le titre de « Sâr » et dont on connaît les idées occultistes et rosicruciennes. Il a écrit une vingtaine d'ouvrages dont un roman intitulé précisément « *L'Androgyne* ». C'est plutôt un manifeste idéologique qui traite de l'origine et des finalités androgyniques de l'homme.

L'INCONSCIENT COLLECTIF

L'idée androgynique, venue des lointains de l'Histoire, alimentée par les faux mystiques de tous les temps et particulièrement par les illuminés qui ont précédé le romantisme, va maintenant être traitée comme un objet de science par des universitaires de tout rang, qui lui donneront une allure tout à fait scientifique. Ils appliqueront à cet objet de science, les méthodes les plus modernes de l'archéologie, de l'ethnologie, de la psychologie et des disciplines de la vie.

Nous ne pouvons pas décrire ici tous les efforts d'investigations qui ont été déployés dans ce sens. Le plus connu de ces investigateurs est le savant suisse Carl Gustav Jung, le continuateur de Freud. On connaît sa doctrine et ses procédés. Il étudie tous les mythes (et donc celui de l'androgyne parmi eux) comme des manifestations de la psychologie collective. Les mythes ne sont pour lui, et pour son école, que des formulations de cet *inconscient collectif* qui sous-tend toute l'histoire humaine.

Selon lui, les mythes expriment, sous des formes plus ou moins poétiques ou schématiques, les nostalgies passées, les craintes ancestrales, les désirs et les pulsions souterraines durablement ressenties par l'humanité. L'inconscient collectif serait le véhicule qui transporterait, de générations en générations, ces nostalgies, ces craintes, ces désirs et ces pulsions.

Et quelle est la faculté psychologique qui va pouvoir sonder ce flux et puiser dans la réserve ainsi transportée ? C'est la *faculté mystique* des contemplatifs. Les contemplatifs de toutes les époques, à quelque religion qu'ils appartiennent, quand ils sont mis en contact, par les divers procédés de la méditation intense, avec l'inconscient collectif, y puisent et arrivent à formuler les thèmes que cet inconscient a véhiculé jusqu'à eux. Ce sont ces formulations qui constituent les mythes. Et ces mythes sont toujours les mêmes, indéfiniment reformulés, parce que, si les contemplatifs se succèdent et se renouvellent, l'inconscient collectif, lui, demeure identique à lui-même.

Et ainsi, d'après ces savants universitaires, l'inconscient collectif se suffit. Nul besoin d'imaginer, comme le font les chrétiens, des inspirateurs extérieurs à l'homme. Nul besoin de diviser la mystique en vraie et fausse mystique suivant la qualité de l'inspirateur éventuel. Il n'y a qu'une seule et même *mystique universelle, qui* n'est pas autre chose que cet état dans lequel se met le contemplatif, quelle que soit sa confession, quand il se concentre et laisse l'inconscient collectif parler en lui. L'androgyne est précisément l'un de ces mythes, sourdement transmis et périodiquement exprimés. Il a donc une origine naturelle.

L'origine naturelle du mythe de l'androgyne étant maintenant établie (tout au moins dans l'esprit de ces auteurs) une nouvelle question va se poser. Comment va-t-on interpréter le mythe lui-même ? Quelle est sa signification ? Que s'est-il donc passé historiquement pour que l'inconscient collectif ait été aussi fortement impressionné et pour qu'il véhicule un mythe androgynique si éloigné de l'état de chose actuel ?

Le mythe prouve deux choses, nous disent les savants ésotéristes. Il prouve un souvenir et il prouve un désir. Il prouve d'abord que l'humanité conserve inconsciemment le *souvenir* d'un état primitif de type hybride. Et il prouve ensuite qu'elle ressent le *désir* de revenir, dans un futur imprécis, à cet état hybride pour être soulagée d'un déséquilibre actuellement éprouvé.

Le chrétien qui examine ces doctrines avec un œil critique, pose à son tour une question. On vient de nous prouver l'existence d'un mythe et son ancienneté. Mais doit-on en conclure que l'ancêtre androgyne a véritablement existé ? Car il est très possible qu'il soit (à s'en tenir aux seules considérations naturelles) non pas un vrai souvenir mais une construction imaginative provoquée par un certain malaise, sans qu'il y ait à l'origine un souvenir préhistorique.

À cette question, les ésotéristes ne répondent pas clairement. Ils laissent leurs lecteurs sur l'expectative. Mais ils n'excluent pas un androgyne préhistorique, et donnent l'universalité et l'ancienneté de la légende comme une puissante présomption en sa faveur. Nous avons vu que le chrétien donne, à cette universalité et à cette ancienneté une toute autre explication. Et nous y reviendrons encore dans notre conclusion.

En revanche, ce que les ésotéristes soutiennent tous fermement, c'est la vérité « métaphysique » de l'androgynie archétypale dans la pensée divine. Pour Mircea Eliade, l'androgynie ancestrale, sans être démontrable scientifiquement est tout de même très probable philosophiquement. Elle est commandée en effet par l'androgynie divine qui selon lui ne fait aucun doute pour une raison bien simple, c'est qu'elle réalise l'harmonie des contraires.

« La perfection, donc « L'Être » consiste en somme dans l'unité-totalité. Tout ce qui « » est par excellence » doit être total, comportant la *coïncidentia oppositorum* à tous les niveaux et dans tous les contextes... Puisque l'androgynie est un signe distinctif d'une totalité originaire dans laquelle toutes les possibilités se trouvent réunies, l'homme primordial, l'ancêtre mythique de l'humanité, est conçu, dans de nombreuses tradition, comme androgyne ». (*Méphistophélès et l'Androgyne*, pages 155 et 160).

Il est « conçu » comme androgyne par la tradition, mais on ne nous affirme pas qu'il l'a été réellement. Mais ce qui est androgyne à coup sûr, c'est le modèle divin en conformité avec lequel l'ancêtre a été créé.

Qu'en est-il maintenant de *l'androgynie future* de l'humanité, dans l'âge d'or retrouvé ? Chez les uns, elle est enrubannée dans des circonlocutions qui montrent une grande maîtrise de la langue. Chez les autres, elle est clairement affirmée et prophétisée :

« Ainsi Kosta Axelos n'hésite pas à nous dire que nous nous dirigeons peut-être vers un état de *transsexualité*, le problème restant toutefois de savoir si nous allons vers l'instauration de l'hermaphrodisme, donc vers un état bi-sexué, ou vers un état a-sexué » (cité par Jean Libis dans « *Le Mythe de l'Androgyne* », page 152).

LA FASCINATION HERMAPHRODITE

On peut dire que la notion androgynique exerce, sur les membres de l'école ésotérique contemporaine, une véritable fascination. Elle est devenue l'un des thèmes les plus constants de leur doctrine, l'un des plus fréquemment rencontrés. Quels bénéfices en attendent-ils donc ? Nous verrons qu'ils sont nombreux.

Mais énumérons d'abord quelques-uns des écrivains récents qui ont étudié ce mythe. Tous l'on fait dans un esprit d'enquête scientifique, bien sûr, puisque telle est la mode du jour, mais sans négliger non plus de manifester leur incontestable adhésion.

Les deux penseurs qui ont le plus énergiquement relancé l'idée androgynique (un peu perdue de vue pendant la grande vogue des doctrines transformistes) sont René Guénon et Julius Evola. Aucun des deux n'a consacré d'ouvrage uniquement à cette question, mais tous les deux en ont traité dans l'ensemble de leurs œuvres. Evola y revient en particulier dans deux de ses livres « *La métaphysique du Sexe* » et « La Tradition hermétique ». Quant à Guénon, il en parle dans toute son œuvre et surtout dans « *Le Symbolisme de la Croix* », puisqu'il place l'androgyne au centre du « Vortex sphérique universel » qui est, selon lui, la forme la plus parfaite de la croix.

Guénon et Evola ont été suivis par toute une école. On peut noter d'abord, en 1938, le travail de Jean Halley des Fontaines « *La notion d'androgyne dans quelques mythes et quelques rites* ». Puis vient un livre qui est souvent cité « *Hermaphrodites* » de Marie Delcourt, aux Presses Universitaires de France, Paris 1958. On rencontre ensuite, en 1962, chez Gallimard, dans la collection « Idées » le livre de Mircea Eliade « *Méphistophélès et l'androgyne* ».

« *Les Hermaphrodites* » de Carris Beaume et G. Busquet, aux Éditions J.C. Simoen, ont paru en 1978. La même année, chez Aubier, J.H. Maertens publie « *Le corps sexionné* » ; le titre à lui seul indique bien les deux idées de « sexe » et de « section ».

Un gros livre de Jean Libis, très documenté, est sorti, chez Berg-International en 1980, dans la collection « L'Ile Verte » :

« *Le mythe de l'androgyne* ». Il traite la question d'une manière très complète et, en même temps, il ne dissimule pas son adhésion au mythe. Sa conclusion, très caractéristique de l'école que nous étudions, mérite d'être citée :

« Ainsi *l'androgyne est l'alpha et l'oméga* de l'histoire du monde. Et lorsque l'exigence de scientificité vient désenchanter le contenu des mythes, montrer le caractère précaire et caduc de nos « explications », l'androgyne, mû par quelqu'instance puissante de l'inconscient collectif, vient se loger dans les constructions de la littérature, dans les productions des arts plastiques. Bien mieux, il refleurit sur le terrain même qui prétendait le réduire, sur le terrain de la démystification ; en ce sens, son succès au sein des théories psychanalytiques est le symptôme de sa vivacité ».

Beaucoup d'autres penseurs de cette même école ont traité de l'androgyne, accessoirement, dans des ouvrages dont il ne constitue pas le sujet principal. Par exemple, Mircea Eliade dans « *Mythes, rêves et Mystères* ». Par exemple, aussi, un auteur souvent cité, A. Nygren, dans « *Eros et Agapé* » (Aubier, Paris, *1952)*. N'oublions pas la documentation toujours très précise de Serge Hutin dans « *Histoire des Roses-Croix* » (Paris, 1955).

Tous les livres relatifs à l'alchimie contiennent leur chapitre sur l'androgyne. Ceux qui sont consacrés à « l'alchimie opérative » parlent de l'androgyne cosmique et même de la pan-androgynie universelle. Et les livres sur « l'alchimie spirituelle » décrivent longuement *la reconstitution de l'androgyne primordial* par le moyen de la contemplation hermétique.

La Franc-maçonnerie, on le pense bien, ne reste pas à l'abri de la fascination hermaphrodite. Il est même vraisemblable qu'elle la stimule et qu'elle l'oriente. Voici un passage de la publication « Points de vue initiatiques » de 1982, n° 44, page 52. L'auteur présente les deux saints Jean, l'Évangéliste et le Baptiste, comme formant à eux deux *l'androgyne johannique* :

« Léonard de Vinci nous rappelle le caractère solaire de saint Jean l'Évangéliste, porteur de lumière, incarnation du Feu-principe et qui, uni au Baptiste, réalise l'androgyne primordial, pur produit de la Beauté, né de l'harmonieuse conjonction du divin et de l'humain, de l'incarnation divine dans l'humain.

« Et l'on peut méditer sur la signification que Léonard de Vinci attribuait, en homme averti des arcanes de la Kabbale, à cet *androgyne johannique* incarné également dans son Dionysos et dans sa Joconde ».

Ce passage de la revue maçonnique « Points de vue initiatiques » montre que l'androgyne, dans l'esprit de ses adeptes, n'est pas du tout une unité procréatrice ; ce n'est pas un germe ; ce n'est pas une famille virtuelle ; c'est au contraire un couple délibérément *stérile ;* il réalise son équilibre par auto-contemplation. Nous avons déjà rencontré cette stérilité de l'androgyne ; elle est importante et nous y reviendrons.

LA CONTAGION GAGNE

La contagion androgynique s'étend à la littérature catholique. Dans « *La charité profanée* » le Pr Jean Borella adopte la notion et entend l'insérer dans le raisonnement théologique. Il opère d'ailleurs de même avec l'alchimie, la gnose et beaucoup d'autres éléments doctrinaux qu'il emprunte à l'école ésotérique.

On constate d'abord que Jean Borella est favorable à l'androgynie ancestrale :

« La relation préexistante à l'éros des amants, en effet, est fondée dans la préexistence de *l'androgyne primordial* en qui l'homme et la femme sont unis au commencement du monde » (page 308)

« Si dans l' « éros » la nature soupire après *l'unité de l'androgyne*, dans la « philia », la nature soupire après l'unicité de l'essence « humanité » répétée dans la multiplicité des sujets individuels » (p. 307).

Le même auteur adopte aussi l'idée de l'androgynie du Christ. Il écrit, en note des pages 310 et 311 :

« La sacralisation de l'éros, c'est le mariage ; la relation d'unité, conformément à la structure de l'amour en général, y est assumée par le Christ, dans sa fonction *d'Androgyne céleste* ».

Le Pr J. Borella énonce même une idée, assez rarement exprimée, l'androgynie de Marie :

« En ce sens, la réalité la plus profonde de l'être marial n'est pas la nature féminine, mais au-delà de la distinction masculin-féminin » (page 344 en note).

Enfin, la vie mystique de chaque âme, pour le Pr Borella, consiste en la « reconstitution de l'androgyne primordial » comme nous l'entendons dire de toute part chez les adeptes de la mystique universelle :

« Selon la nature, l'éros manifeste la polarité cosmique masculine-féminine, dont le prototype symbolique est la polarité du ciel et de la terre. L'énergie de l'éros, qui porte les sexes l'un vers l'autre, a son principe dans le désir de *reconstituer l'androgyne primordial*. Comme tel, cet amour n'est pas amour d'une personne, mais de la nature masculine ou féminine » (page 305).

Passage qu'il faut associer au suivant :

« C'est aussi en nous-mêmes qu'il faut *restaurer l'androgyne primordial* par la « metanoïa » du « je » qui se détourne de la psyché fascinatrice et se tourne vers le soleil spirituel » (page 312).

L'adhésion du Pr J. Borella à ce thème essentiel de l'école ésotérique ne fait absolument aucun doute. Mais il n'est pas le seul. Janine Chanteur a publié récemment un livre intitulé « *Platon, le désir et la cité* ». Le Professeur Claude Rousseau, a consacré à ce livre un article analytique dans « La Pensée Catholique » de mars-avril 1981, n° 191, et dans cet article, il félicite Janine Chanteur d'un passage qui lui a plu et « où elle restitue au mythe de l'androgyne sa subtile vérité, jusqu'ici inaperçue des commentateurs ».

Pour notre part, à propos de l'androgyne, nous ne parlons pas de « subtile vérité » mais *de subtile erreur.*

LE SERPENT OUROBOROS

L'androgyne nous est toujours décrit par ses adeptes sous des traits typiquement *angéliques*, le plus souvent au moyen d'allusions nébuleuses, mais quelquefois très clairement. Nous pourrions citer de très nombreux exemples de cet « angélisme ». Jean Libis nous en fournira deux. Le premier est consacré à l'hermaphrodite dans l'art médiéval ; ce paragraphe est long, nous en avons éliminé les incidentes pour ne conserver que les propositions principales, c'est-à-dire l'essentiel du raisonnement.

Dans l'art médiéval donc, pour la représentation de l'androgyne « le thème de *l'ange* sera le terrain d'élection. L'ange cumule sur lui certaines tendances fondamentales de la psyché : annulation de toute sexualité démarquée, harmonisation des principes masculin et féminin, conciliation de la puissance et de la grâce. Il n'est pas douteux que l'artiste, en veine d'angélologie, n'ait eu présente à l'esprit la double image d'un *esprit autoritaire* et d'une tendance féminine » (*Le mythe de l'androgyne*, page 155).

L'auteur constate donc que la nature angélique coïncide parfaitement avec l'état hermaphrodite. Un deuxième passage du même livre est consacré au démon androgyne, toujours dans l'art du moyen-âge :

« Un serpent se mordant la queue est la figure de cette érotique close sur elle-même sans perte ni bavure. On reconnaît ici l'image antique du *Serpent Ouroboros hermaphrodite* et symbole d'éternité » (page 210).

Le mot « ouroboros » signifie « qui se mange lui-même ».

S'il est ange, l'androgyne est aussi forcément *stérile* : les anges ne se reproduisent pas. Et de fait, dans aucun des ouvrages que nous avons cité plus haut, on n'entend parler de la progéniture de l'androgyne ; il n'est pas fait pour cela ; il n'est pas fait pour se scinder en deux et devenir ainsi productif ; il est fait au contraire pour rester lui-même, en vue de la contemplation intérieure et mutuelle, en vue de l'extase amoureuse permanente.

Les romanciers parlent souvent plus librement que les doctrinaires qui pèsent leurs mots. M. Tournier a écrit un roman qu'il a intitulé « *Les Météores* ». Il y met en opposition d'une part un couple mixte traditionnel, en proie aux angoisses de la vie, et d'autre part le couple constitué par deux frères jumeaux.

Interrogé par un journaliste du « Monde » au sujet de son roman, M. Tournier a attribué à son couple gémellaire, les caractéristiques de l'androgyne : « Couple indiscernable, dit-il, couple identitaire, *stérile*, éternel, inaltérable » et J. Libis commente ainsi la réponse de M. Tournier au journaliste du « Monde » :

« Dans l'imaginaire de Tournier, les jumeaux constituent un des avatars de *l'unité-duelle*, archétypale, *sexuellement autosuffisante*, transgressant ainsi les lois biologiques de la reproduction et échappant du même coup à l'œuvre du devenir. Nous ne sommes pas loin ici du rêve des alchimistes et de son symbolisme *hermaphrodite* » (page 210).

L'androgyne ne saurait avoir de descendants. Si donc notre ancêtre avait été un de ces êtres hybrides, comment se serait-il reproduit ? Or, aucune des innombrables dissertations que l'on peut lire aujourd'hui ne se pose la question, car, au fond, elles évoluent toutes dans le rêve, dans « l'imaginaire » et pour bien dire, dans la fascination.

Échappant à cette fascination, le chrétien de bon sens ne peut pas manquer de poser le problème, et d'ailleurs, en même temps, de lui donner les deux seules solutions qu'il est susceptible de recevoir.

Ou bien il y aurait eu auto-fécondation de l'hybride, mais alors pourquoi les animaux supérieurs ne sont-ils pas, eux aussi, hermaphrodites, puisqu'ils « annoncent » l'homme ?

Ou bien, c'est l'hétéro-fécondation d'un androgyne par un autre qui aurait réglé le problème de la procréation. Mais alors pourquoi auraient-ils été hybrides s'ils devaient se comporter comme ne l'étant pas ?

Le chrétien de bon sens donc a vite fait de constater que l'hypothèse androgynique entraîne des conséquences illogiques et irréelles. Irréelles, en effet, car la nature ne nous suggère pas du tout l'idée de l'androgynie primordiale. Elle ne nous fournit que des preuves de la répartition universelle des animaux supérieurs en deux genres distincts.

La biologie et la génétique elles-mêmes, nonobstant quelques espoirs vite déçus ne viennent pas en aide à l'androgyne. Et les représentants de l'école ésotérique ne les invoquent qu'avec la plus grande prudence, car elles ne leur sont pas favorables.

De quelle pensée, de quelle intelligence, un tel mythe est-il donc sorti ? Nous possédons un indice, car la seule conséquence certaine de l'androgynie ancestrale, si par impossible elle avait existé, aurait été celle-ci : il n'y aurait jamais eu ce que l'Écriture Sainte appelle la *postérité de la femme* (semen illius, semen mulieris, Gen., III, 15) pour la raison très simple qu'il n'y aurait pas eu de femme.

Or, qui est « la postérité de la femme » ? Les exégètes catholiques sont unanimes : cette expression désigne principalement le Christ et secondairement Marie. Le Christ en effet est le seul personnage de la création qui puisse être appelé proprement « postérité de la femme », car selon la chair, il n'a qu'une mère et pas de père.

Indubitablement, l'intelligence qui, de siècle en siècle, ressasse en elle-même cette androgynie stérile et qui la suggère aux « devins » de toutes les époques, c'est le serpent dressé contre la « postérité de la femme » par une haine implacable. « Si seulement le premier homme avait été androgyne ! »

LA SUBSTITUTION FINALE

Le « Premier Adam », celui du Jardin d'Éden, nous est donc présenté comme un être hybride, mi-homme, mi-femme. Nous verrons, dans votre réfutation, à quelles insurmontables difficultés se heurte cette affirmation absolument gratuite.

Et maintenant, qu'en est-il, selon cette même école ésotérique, du « Deuxième Adam » c'est-à-dire de Notre-Seigneur Jésus-Christ ? En toute logique, il doit être androgyne lui aussi, et même *a fortiori*, puisqu'il est l'homme parfait, ayant servi de modèle au Premier Adam.

Certains auteurs, que les textes sacrés n'intimident guère, l'affirment carrément : le Nazaréen était androgyne. Ceux, cependant, qui sont un plus conscients de l'impossibilité d'une telle affirmation, se contentent de suggérer que Jésus-Christ cachait en lui-même des traits de caractère tout à fait féminins et que par conséquent il était secrètement androgyne.

Mais il est évident que l'Écriture ne se prête pas du tout à une pareille exégèse. Quand elle mentionne le Verbe Incarné, c'est toujours en Lui attribuant le genre masculin. C'est *un Fils* que les prophètes avaient prédit :

« Car un enfant nous est né, un fils nous est donné » (Isaïe, IX, 6).

C'est *un Fils* qui est annoncé à Marie par l'Ange Gabriel :

« Vous enfanterez un Fils et vous lui donnerez le nom de Jésus » (Luc, I, 30).

Et une dernière fois, avant de clore la Révélation publique, l'Apocalypse répète la même affirmation :

« Puis le dragon se dressa devant la femme qui allait enfanter... Or, elle donna le jour à un enfant mâle *(filium masculum)* » (Apoc., XII, 4-5).

Cette femme, de l'avis unanime des exégètes, est la Mère du Verbe Incarné.

Obligé donc de reconnaître la masculinité de Jésus-Christ, les auteurs ésotériques les plus prudents font remonter l'androgynie jusque dans la pensée divine. Pour eux, la première pensée divine de l'Incarnation, c'est l'androgyne. C'est par lui que toute la création extérieure a commencé. Le Christ et Marie ne vinrent qu'ensuite, chacun dans un genre défini, en tant que dérivés d'un seul et même androgyne archétypal. Ainsi qu'Adam et Ève, au Paradis, proviendraient d'après eux d'un même androgyne terrestre, ainsi le Christ et Marie seraient le résultat du « partage idéal » de l'archétype androgynique céleste.

Jean Libis, dans son livre « *Le Mythe de l'Androgyne* », résuma tous ces auteurs en affirmant, dans sa conclusion : « Ainsi l'androgyne est l'Alpha et l'Oméga de l'histoire du monde » (page 273). On trouvera très facilement, dans les ouvrages de la même école, des affirmations dans le même sens. L'archétype universel, celui qui se retrouve en tout, c'est, nous dit-on, l'androgyne.

Or, surpasser le Christ, s'interposer entre Dieu et Lui, se substituer à Lui, telle est précisément la place que convoite Lucifer. Sous le nom d'androgyne, voilà qu'il s'attribue cette place lui-même et qu'il se la fait attribuer par certains hommes.

Nous ne serons pas de ceux-là. Dans notre religion, il n'y a pas d'autre archétype que Jésus-Christ. C'est Lui qui est le « Premier né de toute créature ». C'est Lui qui est la « Pierre angulaire », le « commencement et la fin ». C'est Lui qui a dit de Lui-même : « Je suis l'Alpha et l'Omega ». Il n'y en a point d'autre.

Nous ne pouvons pas nous empêcher d'appliquer à l'école ésotérique cette parole de saint Athanase :

« Quelle est donc votre folie de proférer des paroles qui n'ont pas été dites et d'avoir des pensées qui sont contraires à la piété ? »

Dans un prochain et dernier chapitre de cette série consacrée au symbolisme de la croix, nous montrerons l'incompatibilité du mythe de l'androgyne avec la religion de Notre-Seigneur Jésus-Christ.

CHAPITRE VIII

LA RÉFUTATION DE L'ANDROGYNE

- Creavit Eos - Nomen Eorum Adam - Adjutorium Simile - Multiplicabo Conceptus tuos - Caro de Carne mea - Duo in Carne Una - Aller plus loin n'est pas licite

CREAVIT EOS

Les représentants de l'école ésotérique moderne invoquent, en faveur de la doctrine androgynique, deux sortes de preuves : d'authentiques preuves païennes (sans valeur pour les chrétiens) et de prétendues preuves chrétiennes (qui n'en sont pas davantage).

Les authentiques preuves païennes ne font aucun doute. Elles ne sont peut-être pas aussi nombreuses et indiscutables que le disent leurs partisans, mais enfin, elles existent bel et bien. La mythologie antique et la fausse mystique de notre époque véhiculent incontestablement une certaine idée androgynique, qu'elle soit démiurgique, ancestrale ou eschatologique. Nous les avons amplement examinées dans nos précédents articles.

Les prétendues preuves chrétiennes sont de deux ordres : tout d'abord des preuves « patristiques », tirées par conséquent des Pères de l'Église ; ensuite des preuves « scripturaires », tirées donc de l'Écriture Sainte.

Les preuves que nos adversaires pensent tirer des Pères de l'Église se réduisent finalement à une seule : l'opinion bizarre de saint Grégoire de Nysse. Dans son traité « De la formation de l'Homme », saint Grégoire émet, concernant Adam, une série d'opinions qu'il glane un peu partout, qu'il ne critique pas suffisamment et qui ont été reconnues fausses par la suite. Il pense par exemple que, créé à l'image de Dieu, Adam ne fut d'abord comme Lui qu'un être purement spirituel ; dans la pensée primitive de Dieu, le recrutement des hommes devait se faire comme celui des anges, par création individuelle et non par procréation ; et Dieu n'aurait créé la génération sexuée que parce qu'Il prévoyait la chute ; le premier corps d'Adam aurait été dépourvu de sexe. Tout cela, on le voit, n'est pas très cohérent et l'on se demande s'il s'agit là de la véritable pensée de saint Grégoire de Nysse.

À part cette exception, l'androgynie ancestrale ne se retrouve pas dans la patrologie et elle n'a jamais été enseignée dans l'Église ni par l'École ni encore moins par le Magistère. Les documents couramment utilisés aujourd'hui en font foi. Le « *Dictionnaire des connaissances religieuses* » donne le ton à l'article « Adam » :

« Il les créa mâle et femelle, dit la Genèse. Il s'agit de deux êtres distincts et non pas d'un seul être qui eut été homme et femme tout ensemble. Un tel mythe, qui se rencontre ailleurs, ne figure pas dans la Bible ». (Tome I, Col. 81).

Le « *Dictionnaire de Spiritualité* » se contente d'affirmer la tradition selon laquelle Adam fut créé à l'âge adulte, apte à travailler et à procréer. Il réfute la thèse d'Adam créé enfant et ne dit pas un seul mot d'une androgynie éventuelle. Il ne mentionne même pas l'opinion de saint Grégoire de Nysse, abandonnée depuis.

Le « *Dictionnaire de Théologie* » de Vacant et Mangenot ne fait absolument aucune allusion à l'hypothèse androgynique et se contente de réfuter deux opinions erronées :

1) l'opinion selon laquelle nos premiers parents auraient été créés de taille gigantesque ;

2) celle qui prétend qu'à l'origine ils auraient été aveugles, motif pris de ce qu'après la faute « leurs yeux s'ouvrirent ». Bref, l'hypothèse androgynique est absolument étrangère à la Tradition Apostolique et à l'enseignement du Magistère.

Passons maintenant aux soi-disant « preuves scripturales », c'est-à-dire celles qui sont tirées directement du texte de l'Écriture. Nous allons voir que tous les passages qui sont présentés par nos adversaires comme prouvant l'androgynie d'Adam peuvent très bien, et même préférentiellement. être compris dans le sens qui a toujours été celui de la *Tradition apostolique.*

Et pourtant, ils les invoquent comme leurs sources les plus solides. Et à force d'y insister avec aplomb, ils ont fini par créer une sorte de mauvaise conscience, sous ce rapport, chez les catholiques même les plus traditionnels, dont beaucoup en arrivent à se demander si l'Écriture Sainte ne recèle pas, en effet, une vague idée androgynique. C'est pourquoi nous voulons montrer que, non seulement la Genèse ne contient rien qui favorise un tel mythe, mais encore qu'elle prouve d'une manière indiscutable que les genres masculins et féminins ont été distincts dès l'origine.

Reprenons donc le récit de la création d'Adam dès le début, afin de ne rien laisser dans l'ombre. Le texte de la Genèse énonce d'abord la décision divine de produire, après les animaux aquatiques, aériens et terrestres, une créature nouvelle :

« *Faciamus hominem ad imaginem et similitudinem nostram* » (Gen., I, 26). Faisons l'homme à Notre image et à Notre ressemblance. Puis vint *l'exécution* de ce décret : « *Et creavit Deus* hominem *ad imaginera suam ; ad imaginem Dei creavit* illum ». (Gen., I, 27). Les mots « hominem » et « illum » sont au singulier, parce qu'il s'agit de l'homme en général, c'est-à-dire aussi bien de la femme que de l'homme. La femme comme l'homme est créée à l'image de Dieu. La ressemblance avec Dieu leur est commune. C'est pourquoi le texte porte : Il le créa. Il s'agit de l'espèce humaine prise dans son ensemble.

Observons tout de suite qu'il n'est pas question d'une quelconque androgynie primordiale. Or si elle avait véritablement existé, c'est à cet endroit du récit que nous la verrions apparaître, car ensuite il n'est plus question que des genres séparés.

Néanmoins, pour des raisons que nous essayerons de comprendre, Adam est d'abord créé seul, masculin mais seul. Et c'est précisément parce que Adam est masculin et seul (donc inapte à procréer) que Dieu prend une nouvelle décision :

« Il n'est pas bon que l'homme soit seul ; faisons lui une aide semblable à lui » (Gen., II, 18). « *Non est bonum esse hominem solum ; faciamus ei adjutorium simile sibi* ».

Il est absolument évident que si, à cette phase de la création, Adam avait été androgyne, Dieu se serait exprimé tout autrement. Il aurait dit quelque chose comme : « Il n'est plus bon que l'homme et la femme restent réunis en un seul corps ; séparons-les ». Au contraire, il dit *Faciamus adjutorium*. Faisons une aide ; c'est la décision de produire une créature qui n'existe pas encore. « Faciamus ». Et c'est donc la preuve que l'homme, tel qu'il est encore, masculin et seul, n'est pas complet, puisqu'il lui faut une aide. Autant de certitudes qu'il n'est pas androgyne.

Quand après avoir exposé les projets divins de susciter un genre humain, l'Écrivain sacré en vient au récit de la création proprement dite de l'homme, il n'emploie plus que le pluriel : « *Masculum et feminam creavit eos. Et benedixit illis et ait : crescite et multiplicamini et replete terram et subjicite eam et dominamini* ». « Il les créa mâle et femelle. Et il les bénit et dit : croissez et multipliez et remplissez la terre et soumettez-la et dominez sur... » (Gen., I, 28). Tous les pronoms et tous les verbes sont au pluriel. Dieu, très évidemment, s'adresse à des personnages qui d'emblée sont distincts.

Nous sommes déjà certains, d'après ce « premier récit » de la création de l'homme, celui du chapitre I (Gen., I, 26-31) qu'Adam n'a jamais été androgyne. Et nous verrons que le « deuxième récit », celui du chapitre V apporte de nouvelles preuves dans le même sens.

Mais nous sommes obligés, chemin faisant, de combattre aussi une autre idée, immanquablement contenue dans les thèses androgyniques. C'est l'idée que la séparation des deux genres masculin et féminin (séparation qui, dans ces thèses, intervint en un deuxième temps quand l'androgynie prit fin) est une malformation essentielle, une « *blessure ontologique* » selon leur expression. Pour eux, c'est cette séparation des genres elle-même qui est mauvaise et non pas l'usage déréglé que nous pouvons faire de cette distinction des genres.

Pour ces ésotéristes, la séparation des genres masculin et féminin est pathologique. Mais ce n'est pas seulement, chose curieuse, une malformation accidentelle, c'est une malformation « ontologique », nous affirme-t-on, c'est-à-dire qu'elle appartient à notre essence. Ils expriment cette idée à l'aide de formules extrêmement variées. La distinction des sexes est, pour eux, une « tragédie existentielle », un « tourment ontologique », un malheur, un « scandale ontologique », un « malaise irréductible », une « angoisse fondamentale », un « drame de l'exil ». L'homme, écrit Jean Libis, dans son livre *« Le mythe de l'androgyne »* « est un androgyne dont l'unité a sombré ».

Remarquons tout de suite que cette notion de malformation essentielle s'accorde mal avec la prétendue androgynie primordiale si ardemment soutenue par ailleurs. Affirmer la séparation essentielle des deux genres (quelque fâcheuse qu'elle soit) c'est du même coup nier leur réunion originelle dans un androgyne. Il y a donc déjà là une première incohérence interne. Mais elle est noyée dans le feu d'artifice pétillant des images lyriques.

Et puis, il y a aussi une contradiction avec le texte sacré sur lequel on prétend se baser puisque, nous venons de le voir, Dieu a béni le premier couple à l'état de sujets séparés : « *Benedixit illis Deus* ». S'il les a bénis, c'est qu'il n'y avait en eux ni malformation, ni tourment, ni tragédie, ni scandale, ni malaise, ni angoisse, ni exil, comme on se plaît à nous le dire.

Conscients de cette incohérence et de cette contradiction, les plus intelligents parmi les ésotéristes, laissent souvent dans l'ombre l'androgynie positivement ancestrale d'Adam, décidément difficile à soutenir et ils la repoussent « en amont » de la création terrestre ; ils préfèrent parler d'une androgynie céleste ; dès lors, elle n'est plus ancestrale, mais *archétypale* ; quand le logos a pensé à une union avec la créature, son idée type aurait, nous affirme-t-on, été l'androgyne. Tel est le principe que l'on pose.

Mais alors nous demandons pourquoi la réalisation terrestre de cette pensée d'incarnation androgynique n'a pas été conforme au principe cogité. Unis au ciel dans la pensée divine, l'homme et la femme se retrouvent séparés sur la terre en une malformation ontologique. Si la séparation est ontologique, comment est-elle en même temps une malformation ? Pour associer ces deux choses, il faut impérativement supposer que le Créateur (ou le démiurge, comme ils disent souvent) a mal réalisé son projet.

Encore une fois nous voici placés devant le même problème : de quelle intelligence est donc issue cette idée du « scandale ontologique » de la séparation des genres que nous entendons ressasser à longueur de pages par les représentants de l'école ésotérique moderne ? Le couple humain serait ontologiquement mal fait. Le chrétien qui est un tant soit peu entraîné au discernement des esprits reconnaît que cette idée ne peut éclore que dans l'esprit de celui qui est homicide dès le commencement. *Nomen Eorum Adam*

La Genèse contient, en début du chapitre V, ce que l'on appelle *le deuxième récit* de la création de l'homme. Il confirme intégralement tout ce que nous venons de dire. Nous retrouvons la ressemblance divine commune à l'homme et à la femme et nous retrouvons aussi la distinction des genres : « In die qua creavit Deus hominem, ad similitudinem Dei fecit *illum...* » « Lorsque Dieu créa l'homme. il le fit à la ressemblance de Dieu » (Gen., V, 1). Là encore, il s'agit de la création de l'espèce humaine en général. C'est le singulier qui est employé, parce qu'il n'y a pas lieu de distinguer entre homme et femme, la ressemblance divine étant commune. Aujourd'hui encore, et dans toutes les langues, on dit souvent « l'homme » pour désigner indistinctement l'homme et la femme.

Puis vint la distinction des genres. Ce sont les mêmes mots que dans le premier récit : « Masculum et feminam creavit *eos* et benedixit *illis*... in die quo *creati sunt* » (Gen., V, 2). Ici, nous trouvons partout le pluriel car les deux créatures sont séparées.

Cependant, une locution peut faire difficulté : « ...et vocavit nomen *eorum* Adam ». Littéralement, cela signifie : « Et il appela leur nom Adam ». C'est donc leur nom à tous les deux puisque *eorum*, encore une fois, est au pluriel ; ils sont deux à porter ce même nom. Mais alors on est étonné de ce que le nom d'Adam s'applique aussi bien à l'un qu'à l'autre.

Observons cependant ceci : Adam n'était pas primitivement un nom propre, c'était un nom générique. Voici la définition donnée par le Dictionnaire de théologie de Vacant :

« Adam = nom hébreu signifiant de soi *homme*, comme le mot grec *anthropos* et le mot latin *homo*, mais devenu, par appropriation, le nom personnel de celui qui fut le premier homme et le père du genre humain ».

Rien d'étonnant donc à ce qu'en hébreu le nom soit unique pour des sujets qui sont déjà distincts.

Nous avons voulu signaler cette particularité du « deuxième récit » de la création de l'homme parce que les partisans de l'androgyne s'en servent quelquefois comme preuve de leur thèse. Ils prennent argument de ce que le nom est le même pour affirmer que les deux sujets n'en faisaient qu'un seul. On voit que la linguistique, non seulement n'impose pas une telle conclusion, mais que même elle la déconseille.

ADJUTORIUM SIMILE

La création d'Ève donne lieu, comme celle d'Adam, à une décision divine suivie de tout un processus d'exécution. La décision divine est ainsi formulée dans l'Écriture : « *Faciamus ei adjutorium simile sibi* ». « Faisons lui une aide semblable à lui » (Gen., XI, 18). *Adjutorium* contient une idée de dépendance et *simile* contient au contraire une idée de ressemblance.

Tous les exégètes s'accordent à dire que telle est la définition de l'épouse auprès de l'homme et que telle est aussi la définition de Marie auprès du Christ, car Adam et Ève sont des figures anticipées de Jésus et de Marie.

L'exécution du décret va être précédée par un épisode curieux mais extrêmement important : le défilé des animaux devant Adam, défilé qui devait lui permettre de donner des noms à toutes les espèces animales. Ce défilé des animaux servit aussi à autre chose : Adam put se persuader ainsi qu'il ne trouverait pas, chez les animaux, cette aide semblable à lui dont il ressentait le besoin, ne serait-ce que pour remplir sa vocation de procréation : « *Crescite et multiplicamini, et replete terram* » (Gen., I, 28).

Cet épisode préparatoire n'est pas favorable à la thèse androgynique. Citons d'abord le commentaire de Fillion à ce verset : « Mais il ne se trouvait point d'aide pour Adam qui lui fut semblable » (Gen., XI, 20).

« On croirait voir, commente Fillion, quelque chose de la tristesse que ressentait Adam lui-même en constatant son isolement ». On ne peut pas s'empêcher d'observer que si, à ce moment-là Adam avait été androgyne, ce n'est pas à l'extérieur de lui et dans les races animales qu'il aurait cherché l'aide semblable à lui, puisque cet être semblable il l'aurait possédé au dedans de lui.

Vient alors la célèbre scène du sommeil d'Adam (léthargie extatique, d'ailleurs, estiment la plupart des exégètes), de l'ablation de sa côte et de la formation d'Ève, par Dieu, à l'aide de cette côte. Les partisans de l'androgynie d'Adam pensent trouver, dans ce passage, la justification essentielle de leur thèse : vous voyez bien, disent-ils, qu'il s'agit du simple partage de l'Adam primitif et androgyne en deux moitiés sexuellement différentes. Nous allons voir qu'au contraire les circonstances de la création d'Ève ne sont pas du tout favorables à l'interprétation androgynique.

La création d'Ève est le dernier épisode de la Création du monde. C'est seulement après l'apparition de la première femme que le texte de l'Écriture annonce la clôture de l'*Œuvre des Six jours* (l'Hexameron)

« Et il y eut un soir et il y eut un matin ; ce fut le sixième jour. Ainsi furent achevés le Ciel et la Terre » (Gen., I, 31 ; II, 1).

De plus, la création d'Ève porte toutes les caractéristiques d'une œuvre créatrice. Voici le texte : « *Et ædificavit Dominus Deus costam, quam tulerat de Adam, in mulierem* » Littéralement « Et le Seigneur Dieu *édifia* la côte qu'il avait prélevée sur Adam, *en femme* » (Gen., XI, *22).* Ève, en effet, ne préexiste pas en Adam ; elle a besoin d'être « édifiée » ; il faut la confectionner. Dieu fait ces œuvres avec des « riens » ; il a fait la Création « de rien » ; la côte d'Adam est « un rien » dont il fait une femme de toute pièce. Seule la puissance créatrice de Dieu est capable d'une telle « édification ».

Dans l'hypothèse androgynique, il en aurait été tout autrement. De quoi se serait-il agit, en effet ? De séparer deux êtres préexistants et seulement juxtaposés en un seul individu. Nul besoin alors de prélever une côte. Nul besoin « d'édifier » une femme puisque, par définition, elle aurait déjà existé, conjointe avec Adam. Il y aurait eu « séparation », mais pas « édification ».

Il est évident, d'après ce récit très clair de la Genèse que Ève a été tirée non pas d'un androgyne dans lequel elle aurait préexisté et cohabité, mais d'un homme dans lequel elle n'existait pas.

Et c'est précisément cette origine que les ésotéristes ne veulent pas admettre, et cela parce qu'ils ne veulent pas admettre non plus l'autorité de l'époux et celle du père de famille. Alors, ils recherchent une origine égalitaire de la femme et le mythe androgynique leur sert d'attendu, prétendument « scripturaire ».

Et pourtant l'autorité de l'époux sur l'épouse, dans le plan de Dieu, ne fait absolument aucun doute. La remontrance et le châtiment infligés à Adam, après la chute, prouvent que l'homme est revêtu de l'autorité et qu'il porte *la responsabilité*.

La remontrance d'abord. Dieu dit : « *Quia audisti vocem uxoris tuæ* » « Parce que tu as écouté la voix de ton épouse » (Gen., III, 17). Un mari n'a pas à « écouter la voix de son épouse », c'est-à-dire à lui obéir. C'est chose difficile, certes, que de tenir tête ; l'autorité n'est pas chose facile à exercer.

Le châtiment ensuite : « *Maledicta terra in opere tue* ». « Maudite soit la terre à cause de ton acte » (Gen., III, 17). C'est ton acte (*opere tue*, l'acte d'Adam) et non pas votre acte à tous les deux, qui motive la peine ; c'est Adam qui est responsable. Quant à la malédiction, elle s'étend à la terre entière au gouvernement de laquelle l'autorité d'Adam s'étendait aussi. Maintenant encore, après tant de millénaires, on continue à parler de « la faute d'Adam ».

La même position relative de l'homme et de la femme a toujours été maintenue. À la messe de mariage, l'Église fait lire au célébrant l'Épitre de saint Paul aux Éphésiens :

« Mes frères, que les femmes soient soumises à leurs maris comme au Seigneur, car le mari est le chef de la femme comme le Christ est le chef de l'Église. De même que l'Église est soumise au Christ, de même aussi les femmes à leurs maris en toutes choses. Et vous époux, chérissez vos femmes comme le Christ aussi chérit l'Église et S'est livré pour elle » (Eph., V, 22-33).

C'est cette autorité qui fait le fondement de la famille. Or la famille est *l'image du royaume des Cieux.* La vie de famille, quand il y a bonne entente, c'est déjà un peu le ciel sur la terre. Que de fois Notre-Seigneur a exprimé cette comparaison :

« Le royaume des cieux est semblable à un père de famille qui... ». Et quel joug le Christ fait-il porter à l'Église, Son épouse : « Mon joug est suave et Mon fardeau léger » !

Les partisans de l'androgyne n'admettent pas cette doctrine. Ils reprochent à l'Église sa *misogynie*, sa prétendue haine des femmes. Ils font même le reproche de misogynie à toute la théologie trinitaire, motifs pris de ce que le Père, le Fils et le Saint Esprit sont tous les trois des personnages masculins. C'est, disent-ils, un vieux reste d'*androcratie*.

Il est facile de répondre à ce reproche de misogynie en faisant remarquer la vénération des chrétiens pour Marie. Elle est honorée d'un culte spécial auquel on donne le nom d'*hyperdulie* pour le distinguer du culte rendu aux saints ordinaires qui est culte de simple *dulie*.

Et puisque nous venons de revoir les scènes de la Genèse, observons les prévenances et les attentions que le Créateur a montrées à l'égard de notre mère Ève, « *Mater cunctorum viventium* », « la Mère de tous les vivants » (Gen., III, 20). Tout d'abord, elle n'est pas née directement de la terre rude ; il y a un intermédiaire entre elle et la terre, c'est son mari, qui assure déjà ici un rôle de protection. Et puis, Adam a été formé en dehors du Paradis ; il *a été* conduit dans le jardin d'Éden après son extraction de la terre : « Le Seigneur Dieu porte (*tulit*) l'homme et le dépose (*posuit*) dans le paradis » (Gen., II, 15) Ève, au contraire, est née dans le Paradis lui-même.

Tout cela n'est-il pas l'indice certain d'un *traitement de choix* pour la femme ? C'était l'anticipation et l'annonce de la « plénitude de grâce » réservée à Marie. Qui mesurera jamais la vénération de Jésus pour Sa Mère : la Passion physique, subie par le Christ, lui a été épargnée ; Marie n'a eu à subir que la Passion mystique. Il est clair que, dans le plan de Dieu, les femmes ne sont pas les plus mal partagées.

Quant à l'autorité dans la famille, il est clair aussi qu'elle appartient à l'époux et au père. Telle est la saine doctrine. Mais notre époque ne la supporte plus. Et tenir un tel langage à l'époque de *l'homme révolté*, c'est courir le risque d'être un jour conspué et lynché.

MULTIPLICABO CONCEPTUS TUOS

Nous avons, tout à l'heure, entendu les partisans de l'androgyne parler de la séparation des genres masculin et féminin comme étant une « malformation ontologique », une « tragédie existentielle », un « drame de l'exil ». Ce même drame, l'Église le constate elle aussi ; mais elle ne lui reconnaît pas la même cause et elle ne lui administre pas le même remède.

La tragédie en question, c'est *l'attrait déréglé* des deux genres l'un pour l'autre. Les ésotéristes estiment que le dérèglement provient de la séparation des genres elle-même. Pour eux, c'est cette séparation qui est anormale. C'est elle, disent-ils, qui crée une tension ; pour abolir la tension, il faudrait faire cesser la séparation. La tension retomberait à zéro dans des êtres hybrides, puisque les deux pôles se seraient rejoints. Tel est l'essentiel de leur raisonnement.

L'Église, au contraire, enseigne que la séparation des genres *est bonne*, qu'elle date de l'origine même, et qu'elle a été bénie par Dieu. Elle enseigne aussi que l'attrait réciproque est bon en lui-même à la condition d'être discipliné et subordonné à la mission procréatrice.

Ce qui crée la tension fâcheuse, c'est la *chute du* premier homme. Et toute la doctrine chrétienne renvoie au récit, mystérieux certes, mais éclairant, de la Genèse. Aussitôt après la consommation du fruit défendu, Adam et Ève ont constaté ce déséquilibre. Nous verrons bientôt pourquoi il a été le premier à se produire. Ils ont éprouvé le besoin de se confectionner des ceintures parce qu'ils se sentaient désormais privés d'un certain vêtement spirituel qui les enveloppait auparavant.

Que s'était-il donc passé ? Il s'était passé deux choses, liées l'une à l'autre d'ailleurs. D'abord, l'âme venait de perdre son empire sur le corps lequel était devenu tyrannique. Mais aussi l'Esprit Saint avait été contristé et s'était retiré. Or c'est l'œuvre du Saint Esprit que de revêtir ; on reconnaît l'ancienne expression : « Le Père nourrit, le Fils abreuve et le Saint Esprit revêt ». Le Saint Esprit se retirant, le vêtement spirituel de l'homme s'est évanoui. Aux ceintures (*perizomata*) d'origine végétale confectionnées spontanément par l'homme, Dieu ajouta des tuniques (*tunicas pelliceas*) de peau animale, symbole de cette *discipline* désormais nécessaire et que le Décalogue devait formuler avec précision quand le moment serait venu.

Dans la réprimande qu'il adresse à Ève, Dieu lui annonce « *Multiplicabo concentus tuos* ». « Je multiplierai tes grossesses » (Gen., III, 16). Ainsi l'attrait, désormais anarchique des genres l'un pour l'antre, va entraîner une prolifération excessive, on pourrait même dire pathologique.

Pour la doctrine ecclésiastique donc, les *causes* du dérèglement de la fonction procréatrice sont le retrait de Dieu et l'inversion des puissances qui composent l'homme. Et le *remède* à ce dérèglement, quand on peut arriver à se l'imposer, c'est la discipline formulée dans le Décalogue.

Il est bon de se demander pourquoi le dérèglement consécutif à la chute s'est porté en priorité sur la fonction procréatrice. Pourquoi celle-là plutôt qu'une autre fonction ? La raison la plus vraisemblable est celle-ci : parmi les facultés humaines, cette fonction est celle qui a le plus besoin de la *tutelle divine*, parce que c'est la fonction qui prolonge la puissance créatrice de Dieu. Quant la tutelle divine se fit plus lointaine, par suite du contristement de Dieu, c'est la fonction procréatrice qui a été le plus gravement et la première perturbée.

Les adeptes de l'androgynie perdue raisonnent tout autrement. Ils attribuent au « drame de l'exil » une tout autre cause et lui donnent une tout autre solution. Pour eux, le déséquilibre étant ontologique, c'est-à-dire dépendant de notre être, le remède lui aussi est ontologique, c'est-à-dire qu'il ne peut intervenir qu'au moment d'un changement de notre être. L'équilibre sera rétabli par la *reconstitution de l'androgyne primordial*. Ce n'est donc pas dans ce monde-ci qu'une telle reconstitution peut se réaliser. Par conséquent elle est repoussée à l'époque future qui verra la reconstitution totale de l'univers. En attendant, un apaisement provisoire est promis à ceux qui arriveront à reconstituer l'androgyne primordial en eux-mêmes et en esprit, c'est-à-dire à se comporter spirituellement comme des androgynes.

Il s'est ainsi constitué une véritable mystique androgynique. Elle s'échelonne des exercices de « l'amour courtois » hérités des « cours d'amour » du moyen âge, jusqu'aux pratiques tantriques les plus sophistiquées. Pour faire comprendre cette sorte de mystique, il faudrait avoir le temps d'exposer les méthodes par lesquelles on peut faire monter la « kundalini » de la région lombaire à la région cervical, car tel est, en dernière analyse, le but de ces prétendues mystiques.

Les partisans de la mystique androgynique font à l'Église le reproche de *pudibonderie*. Elle se masque la face, disent-ils, devant la question sexuelle, et, de ce fait, elle a totalement échoué dans le règlement de cette question. La sexualité, claironnent-ils, est tout de même sortie de la pensée de Dieu. Certes oui, pouvons-nous répondre. Mais ce qui n'est pas sorti de la pensée de Dieu, c'est la perversion et l'anarchie de la sexualité ; lesquelles sont plutôt sorties de la pensée du démon.

Quant à la mystique androgynique, nous verrons bien un jour si elle *réussira*, et à quoi elle réussira, là où l'Église a, paraît-il, échoué.

CARO DE CARNE MEA

Les défenseurs de l'androgyne ont toujours recherché des preuves de leur thèse dans l'Écriture Sainte, cela afin d'abord de l'étayer avec des arguments qui ne soient pas issus du paganisme, niais encore afin de montrer que l'Église était fondamentalement androgyniste bien que ne le proclamant pas ouvertement. Les paroles prononcées par Adam quand il aperçut pour la première fois la compagne que Dieu venait de lui amener leur fournissent, estiment-ils, un sujet de triomphe. Nous allons voir ce qu'il en est.

Alors Adam dit : « Voilà maintenant os de mes os et chair de ma chair. Celle-ci s'appellera virago, parce qu'elle a été prise de l'homme « (Gen., II, 23). Vous voyez bien, disent nos adversaires, Ève est le résultat d'une *extraction* et d'un *partage* de la même chair ; c'est donc qu'Adam était androgyne comme nous le prétendons.

Il est facile de leur répondre. Certes Ève a été extraite d'Adam quant à sa *substance*. Mais cette extraction d'une parcelle de substance a été complétée par une *édification* (*ædificavit*) c'est-à-dire par une transformation dont nous avons vu qu'elle appartient au grand processus de la Création. Ève ne préexistait pas en Adam, comme l'exigerait la thèse androgynique ; il a fallu la confectionner, la créer. Il n'y eut donc pas simple bipartition, simple séparation de deux êtres juxtaposés.

Le sens littéral des paroles d'Adam est parfaitement intelligible sans aller chercher d'explications androgyniques. Pourquoi lance-t-il son exclamation fameuse : « Os de mes os et chair de ma chair ? » C'est tout simplement parce qu'il rencontre enfin ce qu'il a vainement cherché pendant le défilé des animaux. Aucune femelle animale n'était os de ses os et chair de sa chair, et donc aucune n'était apte à devenir son « aide » en particulier dans la fonction procréatrice.

Cette fois, il a devant lui une compagne qui est de son espèce. Voici comment L.-Cl. Fillion commente les paroles d'Adam :

« L'accent est tout joyeux et le langage poétique, par contraste avec le défilé des animaux. Il sait que Ève lui est alliée par une très proche parenté et il tire de là le nom générique qu'elle portera ».

Nul besoin, pour expliquer les paroles d'Adam, d'imaginer une androgynie primitive.

Quel « nom générique » Adam donne-t-il donc à son épouse ? Il l'appelle « *virago* », parce que, dit-il, elle a été prise de l'homme. « Virago », en effet, peut s'interpréter comme la contraction de « viri-imago » c'est-à-dire image d'homme. Ève est faite de la substance d'Adam, mais elle est aussi faite à son image. Elle est son symétrique, son décalque et son reflet. Elle réalise la *similitude*, voulue par Dieu : « Faisons une aide semblable à lui ».

À la place de virago, une ancienne traduction latine de la Genèse portait « vira » qui est la forme féminine de « vir », reproduisant ainsi la symétrie qui existe dans le texte hébreu entre « *isch* » (homme) et « *ischah* » (femme). Une ancienne traduction française rendait « vira » par *hommesse*, pour employer, par imitation du latin et de l'hébreu, une forme féminine de l'homme (le texte grec des Septantes est moins parlant car il porte « andros » pour homme et « guné » pour femme, or, ces deux mots n'ont pas de ressemblance entre eux).

Dans toutes ces correspondances, « vir-vira », « vir-virago », « isch-ischah », « homme-hommesse », on retrouve une idée de symétrie, de reflet et d'image, mais on ne trouve pas les notions de préexistence et de bipartition, comme cela serait nécessaire pour suggérer l'androgynie. Encore une fois, c'est donc bien d'un Adam-homme que Ève a été prise et non pas d'un Adam-androgyne.

DUO IN CARNE UNA

Nous arrivons maintenant à l'ultime tentative des androgynistes et nous allons voir qu'elle est vouée au même échec.

Ils se raccrochent, une dernière fois, au célèbre verset que tout le monde connaît par cœur :

« C'est pourquoi l'homme quittera son père et sa mère et s'attachera (*adha erebit*) à son épouse (uxori) et ils seront deux en une seule chair ». « *Et erunt duo in carne una* » (Gen., II, 24).

Ils sautent sur l'expression « *duo in carne una* » pour lui donner, cette fois, un sens littéral qui ne saurait lui convenir.

« Deux dans une seule chair », telle est bien la définition de l'androgyne, disent-ils. Le couple humain, et très précisément l'accouplement, *reconstituent l'androgyne adamique.*

Il y a là une très grossière erreur d'interprétation. Jamais une telle exégèse n'a été admise ni même exprimée dans l'Église. Le sens littéral est ici tout à fait inintelligible, comme nous allons le montrer. Est-ce du fait de leur mariage que les époux vont posséder désormais la même chair (*erunt duo in carne una*) ? Dirons-nous qu'ils ont le même corps ? Évidemment non puisque les deux corps restent séparés. Dirons-nous alors que les deux corps sont faits de la même substance charnelle ? Cette communauté de substance n'est pas particulière aux époux puisqu'elle se retrouve chez deux êtres humains pris au hasard.

On s'égare donc si l'on cherche ici le sens littéral. Il est évident que le lien qui unit les époux n'est pas celui de l'unité de substance. Si le texte parle d'une seule chair, c'est pour une autre raison. L'intelligence de ce passage de la Genèse est donné dans l'Évangile. Nous le reproduisons en entier parce qu'il est très important.

Des pharisiens viennent trouver Jésus et Lui posent cette question :

« Est-il permis à un homme de répudier son épouse pour quelque raison que ce soit ? Jésus leur répondit : N'avez-vous pas lu que Celui qui créa l'homme dès le commencement, créa un homme et une femme et qu'Il dit : à cause de cela, l'homme quittera son père et sa mère, et il s'attachera à sa femme, et ils seront deux dans une seule chair ? Ainsi ils ne sont plus deux mais une seule chair. Que l'homme ne sépare donc pas ce que Dieu a uni » (Math., XIX, 3-6).

Notre-Seigneur compare les liens qui unissent les époux avec les liens, particulièrement indissolubles, qui unissaient Adam et Ève. Les époux se trouvent spirituellement dans la situation réciproque où Adam et Ève se trouvaient physiquement. On ne peut pas davantage séparer spirituellement les époux que l'on ne pouvait dissocier physiquement nos premiers parents qui avaient le privilège unique, jamais reproduit depuis, de posséder une chair unique.

Si Notre-Seigneur évoque l'exemple d'Adam et Ève, ce n'est pas pour suggérer que les époux acquièrent, du fait de leur mariage, une substance charnelle unique qu'ils n'auraient pas possédé auparavant, c'est pour donner une image de la force et de *l'indissolubilité* du lien qui les unit.

C'est d'ailleurs la conclusion de la réponse qu'il fait aux pharisiens.

Si nous insistons, c'est que nous touchons-là au point sensible qui est le plus attaqué par les androgynistes. Il y a, dans ce texte, une comparaison entre deux états analogues : l'état physique du premier couple humain et l'état spirituel de tous les autres couples. Les deux termes de cette comparaison sont séparés dans la Genèse par l'adverbe *« quamobrem »* et dans l'Évangile par *« propter hoc »*. Ces mots, qui signifient « en raison de..., à cause de... » font la charnière entre les deux termes de l'analogie et leur sens développé est le suivant :

« à cause de l'état dans lequel furent créés le premier homme et la première femme ».

Le commentaire de L.-Cl. Fillion achèvera de nous convaincre :

« Toutes les autres relations, tous les autres liens, même les plus intimes, le céderont aux relations et aux liens établis par le mariage. La cohésion créée par cette force est la plus grande possible... Conclusion finale de Jésus : que l'homme se garde bien de briser par le divorce l'unité si étroite que Dieu Lui-même a établi entre les deux premiers époux ».

Ainsi cette même locution biblique « *duo in carne una* » est interprétée par l'Église comme signifiant l'indissolubilité spirituelle du mariage et par les androgynistes comme la reconstitution physique de l'androgyne adamique. Cette reconstitution est l'élément introductif d'une certaine voie mystique qui aboutit aux pratiques les plus sophistiquées du yoga, tantrique ou autre.

ALLER PLUS LOIN N'EST PAS LICITE

Nous pensons avoir montré que les arguments en faveur de l'androgynie d'Adam n'ont aucune valeur. Il faut maintenant examiner ceux que la même école ésotérique avance encore concernant une prétendue *androgynie archétypale,* siégeant au sein même de la Divinité. Les doctrinaires de cette école estiment que, de deux choses l'une, ou bien le Christ serait lui-même androgyne comme étant le modèle d'Adam, ou bien il existerait un démiurge androgynique, plus primitif et plus essentiel dans la pensée divine, dont le Christ et Sa Mère ne seraient que les produits de la bipartition.

Réduisons donc nos ambitions et voyons seulement de quelle manière les ésotéristes établissent leur raisonnement. Ils le fondent sur une constatation initiale qui est exacte, à savoir que, dans le couple humain, l'homme provient d'une pensée divine de *justice* et la femme d'une pensée divine de *miséricorde*. Et en effet il n'y a rien à redire à cela. Mais ils vont tirer de cette constatation exacte des conséquences qui ne le seront plus.

L'archétype universel, disent-ils, doit réunir, associer et harmoniser la justice et la miséricorde qui sont les deux grands attributs divins. Par conséquent, pour eux, l'archétype universel ne peut être qu'androgyne rassemblant ainsi la justice et la miséricorde, le principe masculin et le principe féminin.

Il y a là deux contrevérités dont la complète réfutation nous entraînerait dans de longues considérations théologiques, parce qu'elles introduisent des perturbations dans les rapports entre le Créateur et la créature. Disons seulement, pour nous résumer, que l'androgyne archétypal remplace la *hiérarchie* normale du Créateur et de la créature par un rapport d'égalité. L'élément masculin, en effet, figure le Créateur, et l'élément féminin, la créature. Or, au sein d'un androgyne, il n'existe aucune préséance, aucune priorité chronologique, du premier sur le second, donc aucune hiérarchie entre le représentant du Créateur et celui de la créature. Ainsi peut-on résumer la principale perturbation théologique introduite par l'androgynie archétypale. Mais elle en provoque encore d'autres et tout cela nous pousserait trop loin.

L'école ésotérique, que l'on peut aussi appeler *l'école gnostique*, est, encore une fois, en contradiction avec la doctrine de l'Église, laquelle enseigne que l'archétype universel est le Christ, le Verbe Incarné, et que le Christ n'est pas androgyne :

« Un enfant nous est né ; un *Fils* nous a été donné ». Il n'y a pas d'autre nom que Jésus par lequel nous puissions être sauvés.

Nous touchons ici du doigt la différence essentielle entre la pensée chrétienne et la pensée gnostique. La pensée chrétienne médite la Révélation qui lui a été donnée mais elle ne va pas au-delà ; quand elle se trouve devant un mystère, elle le contemple sans essayer de le percer. Telle est l'attitude réaliste.

La pensée gnostique est guidée par une intention de *connaissance à tout prix,* elle n'admet pas de se laisser limiter par le mystère, elle veut comprendre même ce qui est au-dessus des forces de la raison humaine ; alors quand la Révélation ne fournit pas d'explications, elle les invente selon le « propre esprit » lorsque même elle ne se laisse pas inspirer par le « mauvais esprit » ce qui arrive fréquemment.

Et ici, c'est ce qu'elle fait. L'école gnostique actuelle voit très exactement que l'homme est issu d'une pensée divine de justice et la femme d'une pensée divine de miséricorde, mais alors elle prolonge cette constatation exacte par une invention explicative : elle associe ces deux pensées divines pour en faire un androgyne archétypal nonobstant les inepties et les sacrilèges auxquels conduit un tel mythe. Car enfin voilà une entité, un fantôme qui vient s'interposer entre le Christ et Dieu et occuper précisément la place que Lucifer ambitionne.

Raisonnons maintenant en chrétiens. La coexistence de la justice et de la miséricorde est évidemment très mystérieuse car, d'une certaine manière, elles s'opposent. Il y a, dans la Sainte Trinité, la distinction des personnes et l'unité de la substance : le Père est distinct du Fils et du Saint Esprit, mais le Père n'est pas « autre chose » que le Fils et que le Saint Esprit, comme le dit avec force saint Athanase dans son symbole. *En Dieu tout est simple.* Il y a l'attribut de la justice et l'attribut de la miséricorde. Mais la justice n'est pas autre chose que la miséricorde. Ce sont des mystères que nous avons seulement à contempler sans inventer d'androgyne sous prétexte de les rendre intelligibles.

Pie IX, dans son allocution « Singulari quidem » du 9 décembre 1854, traite justement de cette question des rapports entre la justice et la miséricorde :

« Loin de moi, vénérables frères, que nous osions mettre des limites à la miséricorde de Dieu, qui est infinie ; loin de nous que nous voulions approfondir les conseils et les jugements cachés de Dieu, abîmes immenses où la pensée de l'homme ne peut pénétrer... Quand, affranchis des entraves corporelles, nous verrons Dieu tel qu'Il est, nous comprendrons quel lien étroit et beau unit en Dieu la miséricorde et la justice. Maintenant que nous sommes dans ce séjour terrestre, croyons fermement d'après la doctrine catholique qu'il est un Dieu, une Foi, un baptême ; aller plus loin dans nos recherches n'est plus licite ».

Ces paroles de Pie IX contiennent plus de vraie sagesse, plus de culture religieuse, plus d'expérience surnaturelle que toutes les inventions grotesques et blasphématoires de la gnose, ancienne et moderne.

Nous en avons terminé avec notre série de cinq chapitres sur le sujet du symbolisme de la Croix. Le premier était réservé à la signification surnaturelle de la Croix du Calvaire.

Le second exposait le symbolisme métaphysique que R. Guénon donne à la Croix, après lui avoir fait subir des transformations qui la défigurent totalement.

Puis nous avons été amenés à consacrer deux chapitres au mythe de l'androgyne parce que R. Guénon, ayant évacué le Christ de la croix métaphysique, y fait figurer l'homme universel qu'il décrit comme androgyne ; l'étude de ce mythe nous a donc paru nécessaire pour expliquer le véritable sens du symbolisme métaphysique de la croix.

Le dernier chapitre est réservé, pour finir, à la réfutation d'un mythe qui est absolument étranger à la Tradition apostolique.

Il n'y a pas d'autre archétype que Notre-Seigneur Jésus-Christ

« Il est l'image du Dieu invisible, né avant toute créature ; car c'est en Lui que toutes choses ont été créées, celles qui sont dans les cieux et celles qui sont sur la terre... Il est, Lui, avant toutes choses, et toutes choses subsistent en Lui. Il est la tête du corps de l'Église, Lui qui est le principe... Car il a plu au Père que toute plénitude résidât en Lui... Je vous dis cela afin que personne ne vous trompe par des discours subtils » (Col. I, 15-19 et II,4).

Jean Vaquié

ÉSOTÉRISME ET CHRISTIANISME AUTOUR DE RENÉ GUÉNON

par Marie-France JAMES (Nouvelles Éditions Latines, 1981)

L'ouvrage de Marie-France James appartient à ces instruments de formation dont l'étude est nécessaire. Il décrit l'un des dangers les plus redoutables d'aujourd'hui, à savoir le progrès sournois de l'ésotérisme gnostique et oriental. Cette doctrine ésotérique est professée par des équipes d'universitaires de haute valeur dont nous pouvons admirer l'érudition niais dont nous ne saurions adopter les jugements. La préparation de ces équipes, actuellement en pleine activité remonte à l'époque de R. Guénon.

C'est précisément l'histoire de cette préparation que reprend M.F. James. Elle le fait avec une incroyable minutie qui donne à son ouvrage une grande valeur documentaire. On y trouve, sur le passé gnostique et franc-maçon de Guénon, des précisions qui ne se rencontrent nulle part ailleurs. Les renseignements qu'elle publie s'échelonnent du début du dernier siècle jusqu'à ces toutes dernières années. Or son livre a été publié en 1981. Rien donc de périmé ou d'inutile dans cet ouvrage. Beaucoup de passages sont le résultat d'une enquête personnelle auprès des intéressés.

Ce livre n'est pas difficile à lire car il contient, en grand nombre, des notations pittoresques et psychologiques qui font vivre et même grouiller les personnages. Seulement les questions de doctrine ici débattues sont tout de même subtiles et réclament une certaine attention. De sorte que ce travail s'adresse surtout à des cadres, à des rédacteurs d'articles, des hommes de réflexion, des gens que l'on vient consulter et qui ont besoin de juger et de bien comprendre ce qui se passe invisiblement. Pour eux c'est vraiment un ouvrage de base qu'il leur faudra bien un jour posséder, comme il faut posséder « *Intégrisme et Catholicisme Intégral* » de Ponlat, nonobstant certains jugements contestables.

Marie-France JAMES expose les péripéties d'une bataille philosophique et religieuse d'une importance capitale : celle de R. Guénon contre l'orthodoxie chrétienne, pendant les années qui ont précédé et suivi la Guerre de 14-18. Elle étudie surtout, dans cet affrontement spirituel, deux théâtres d'opérations. Le premier est l'essai de pénétration de la métaphysique orientale au sein de la théologie thomiste. Le second est l'inoculation du redoutable « ferment de malice » que constitue l'ésotérisme chrétien.

René Guénon pensait amener les néo-thomistes d'alors, au premier rang desquels se trouvait Jacques Maritain, à adopter sa métaphysique védantiste. Et cette métaphysique une fois admise, tout le reste de sa doctrine aurait très facilement « passé ». Mais Maritain, d'abord courtois, flaira vite le piège et opposa à Guénon une fin de non-recevoir d'une pertinence digne de l'Aquinate. Et il ne fut certes pas le seul ; mais laissons aux lecteurs de M.F. James la surprise de découvrir les autres.

Quant à l'ésotérisme chrétien, ce chancre qui est en train de ronger les bases de la Religion, il n'a pas été inventé par R. Guénon ; c'est une très vieille idée maçonnique. Mais il a su lui donner une singulière séduction. Là aussi il s'est trouvé des chrétiens vigilante et instruits, en particulier à la revue « La R.I.S.S. » de Mgr Jouin, pour démonter le système guénonien et refuser de l'admettre. On lira avec intérêt les grands moments de cette bataille et la description des personnalités hautes en couleur qui s'y affrontèrent.

René Guénon ne se contentait pas d'exposer sa métaphysique védantiste et son ésotérisme universel ; il avait aussi pris soin de déclarer la guerre, non seulement à tout l'ensemble du matérialisme moderne, mais encore à certaines formes plus ou moins charlatanesques du spiritualisme contemporain, en particulier à la théosophie de Madame Blavatsky et au spiritisme d'Alan Kardec. Et ses prises de position, exposées par lui avec un talent magistral il faut le reconnaitre, lui avaient attiré de nombreux amis chez les catholiques de tendance traditionnelle qui luttaient contre ces mêmes ennemis matérialistes, théosophes et spirites. La triple critique de Guénon avait déclenché les applaudissements quasi unanimes. Les plus nourris de ces applaudissements étaient ceux de Léon Daudet à l'Action Française.

Mais tout le monde ne s'était pas laissé séduire par les justes critiques guénoniennes. Marie France James cite abondamment des passages écrits par de savants religieux de tous les ordres, surtout des Dominicains et des Jésuites, pour lesquels la partie critique de la doctrine de Guénon ne pouvait servir de prétexte à l'adoption de son orientalisme tout entier. Parlant de ces reproches faits au monde moderne, le Révérend Père Bernard Allo conclut : « ce n'est pas tout cela qui doit suffire aux catholiques à le faire prendre pour un allié ; notre naïveté a tout de même des limites ».

On lira avec intérêt l'histoire de la collaboration de Guénon à la revue « Regnabit » du Révérend Père Anizan et à la « Société pour le rayonnement intellectuel du Sacré-Cœur ». Malgré son opiniâtreté, malgré ses succès de début, malgré de fidèles amitiés nouées, jamais il ne réussira à pénétrer vraiment les milieux catholiques. Et si, en 1930, il s'embarque pour l'Égypte, c'est en grande partie parce qu'il a échoué en France dans ce travail de pénétration. Il sent que le moment n'est pas venu.

Installé au Caire, entouré de musulmans, il surveille de loin ses amis européens, groupés autour de la revue « Les Études Traditionnelles ». On prend le temps d'éduquer une élite formée à ses doctrines. Guénon est mort en 1951, voilà donc plus de 30 ans. Aujourd'hui cette élite, qui lui a tant manqué de son vivant, est devenue opérationnelle et elle repart à l'attaque d'une Église maintenant démobilisée et démoralisée par le Concile. Il est grand temps, pour nous, de nous instruire et d'étudier la documentation offerte par Marie-France James.

Toute la partie centrale de son livre milite dans le sens de l'INCOMPATIBILITE de la doctrine guénonienne avec le christianisme. C'est du moins ce qu'elle exprime avec persévérance dans la très grosse majorité de ses développements. Et telle est l'opinion que l'on retire de son livre quand on ne lit ni la préface ni la conclusion.

Seulement voilà, la préface de Jacques-Albert Cuttat et la conclusion de Marie France James ont visiblement pour but d'amener le lecteur à modifier ce jugement d'incompatibilité.

Jacques-Albert Cuttat ne se cache pas d'être disciple de René Guénon. Mais il entend apporter, à la doctrine du Maître, un correctif qui doit le rendre acceptable par les catholiques. Il suffirait, comme le fait déjà un autre guénonien, Frithjof Schuon, de personnaliser un peu plus le Dieu métaphysique et abstrait du védantisme pour le faire entrer, tant bien que mal, dans la construction théologique chrétienne. Moyennant cette adaptation, Jacques-Albert Cuttat fait réapparaître Guénon, parmi les traditionalistes, avec une force nouvelle. Et il termine sa préface écrivant :

« Mais ce passé peu chrétien ne doit pas dissimuler le fait que Guénon est l'un des rares génies spirituels de notre siècle. C'est dire je que lui souhaite un grand nombre de lecteurs. L'ouvrage de Mademoiselle James ne manquera pas d'y contribuer ».

Et quatre cents pages plus loin, dans sa conclusion, Mademoiselle James elle-même ramène son lecteur à la doctrine de son préfacier. Elle écrit :

« Jacques-Albert Cuttat cherche à suggérer l'idée, le projet d'une « convergence » apparaissant sous les traits d'une « synthèse assomptive » impliquant de part et d'autre une « récapitulation par dépassement in Christo »... C'est ainsi que Jacques-Albert Cuttat, conforme à l'esprit de Vatican Il, invite les Chrétiens d'aujourd'hui à s'engager dans une démarche de synthèse assomptive, c'est-à-dire de préfigurer en soi, à partir d'un niveau de profondeur aussi proche que possible de celui de l'Oriental, le revirement intérieur que l'on attend de lui ».

Du livre de Marie France James nous retiendrons donc toute la partie DOCUMENTAIRE qui est considérable parce qu'elle prouve ce qui restait encore trop discuté à savoir « ce passé gnostique et franc-maçon de Guénon ». Mais nous repousserons l'invitation à la « synthèse assomptive proposée par Jacques-Albert Cuttat parce qu'elle constitue, en dernière analyse, pour notre Sainte Religion, une pollution grave à laquelle nous ne saurions consentir.

Jean Vaquié

Réponse à
« L'Imposture Guénonienne »

par Wou Ming

Jean Vaquié

Préambule

Tout peuple authentiquement traditionnel dispose de véritables guerriers, en vertu de l'analogique existant entre un organisme vivant et un peuple, qui veut qu'une entité saine doit être capable de se prémunir contre les déséquilibres de quelqu'ordre qu'ils soient.

Des guerriers tels les Maîtres de la brousse d'Afrique, les grands cavaliers Sioux des plaines d'Amériques, les moines des monastères chinois pratiquant tout au long de leur vie une discipline martiale mystérieuse, ou, plus proche de nous, les Chevaliers flamboyants mandatés par l'Autorité Spirituelle pour maintenir le lien avec le Centre sacré Spirituel, source des bienfaits spirituels et matériels pour tout le peuple.

Sans qu'il soit besoin de les peindre plus en détail, nous percevons que ces hommes ont discipliné leur corps, leurs sentiments, leur esprit par la pratique d'arts traditionnels qui les font Moines-Guerriers et lorsque le vacuité de l'action extérieure les a définitivement vidé de toute volonté de guerroyer contre le monde de la forme, ils deviennent des Sages. Sagesse-Force-Beauté sont alors les attributs de ces hommes non-ordinaires, on les appelle alors *Silatigi* (Maître des mystères de la Brousse) en Afrique, *Wichasha-Wakan* (Homme-Mystère) en Amérique, *Yogi* en Inde, *Tcheu Jen* (Homme transcendant) en Extrême-Orient, *Soufi* en Orient, **Grand Maître** en Occident. Ces hommes par la science du rythme vital, par l'harmonisation de tous les plans de leur individualité avec les rythmes Universels, par la conformité trouvée entre le microcosme et le macrocosme, s'unissent intimement avec les Lois de l'Existence Universelle, pour être Elles, totalement indifférent à ce qui les faisait dire « Je » hier.

Un homme traditionnel tout au long de sa vie, depuis que sa mère le porte en son sein, jusqu'à ce qu'il soit délivré des liens qui le font être dans le monde de la distinction, reçoit l'Essence Vitale détentrice des Principes Spirituels de sa tradition par tous les relais qui l'éloignent encore du cœur même de l'Existence Universelle.

Enfant il assiste à la progression des adultes qui se nourrissent des symboles spirituels de la nature auxquels leur tradition a donné un nom reflet d'un verbe ouï hors du temps et de l'Espace. Il voit les gestes de l'artisan transformer l'informe en Beau, il voit les Guerriers s'adonner à des danses aux gestes Parfaits, il voit le grand sage accomplir des sacrifices rituels sur l'autel fait de la même terre originelle que celle sur laquelle le premier ancêtre est mort (puis ressuscité à un autre état)[4] et a libéré son âme sainte et sa force vitale pure, établissant une « Alliance » avec les vivants et confiant plus particulièrement à ses descendants directs et plus généralement au peuple qui est en lien avec lui, le soin de les nourrir, par des rites sacrificiels et/ou œcuméniques.

Il entendit à la dérobade, les mots de la langue secrète, il écouta certains soirs les adultes conter les mythes qui parlent des rythmes archétypaux de l'histoire, il entendit son père parler de son ancêtre, il reçut à chaque instant une petite éducation, avant qu'il ne reçoive la Grande Éducation aux Mystères Universels, lorsqu'il entrera (si sa nature le lui permet) dans l'exercice d'une science ou d'un art ésotérique.

Sans doute, un étranger parlant une langue inconnue, viendra-t-il un jour dans son village. L'enfant sera curieux

---

[4] Que le Christ soit mort sur une montage et ressuscité dans une caverne a des significations symboliques qui ne peuvent échapper à ceux qui connaissent la portée initiatiques de ces symboles.

de connaître la nature de l'esprit qui l'anime. Il aura soif de découvrir un peu plus de la pensée Universelle qui s'exprime dans la multitude indéfinie des êtres, il aura soif de découvrir les lois qui « font » cette multitude, pour que son ignorance due à l'impossibilité de parcourir l'indéfinité des possibilités Universelles ne le laisse pas dans la pénombre.

Tuer son ignorance pour renaître à la connaissance est la quête qui le meut au plus profond de lui, en ce point, cœur de son être, où se manifeste un mouvement indéfinissable sur lequel il n'a aucune prise.

Un jour un sage estimant qu'il est prêt à plus entendre, lui dira des mots plus profonds que d'ordinaire. Assis à côté de lui, tourné vers l'Orient image de l'ascension à la connaissance, le vieux sage resta longtemps silencieux, laissant l'impétuosité de la jeunesse se défaire. Puis sa voix profonde et puissante comme le tonnerre expliqua que dans ce monde-ci tout se meut avec un début, un milieu, une fin, autour d'un centre immobile. Non pas que cette immobilité soit synonyme de néant, mais bien qu'en ce milieu toutes les forces sont parfaitement équilibrées et c'est pour cela que le centre est l'image de la « Perfection Universelle ». Mais sur la périphérie cet équilibre est rompu, et les lois qui régissent les relations d'actions/réactions entre les différentes forces prennent leur expression emblématique dans les saisons.

Au début c'est le printemps, la croissance, puis l'été, la plénitude, ensuite le temps insaisissable du milieu, puis l'automne, l'équilibre, enfin l'hiver où tout se dissout avant un nouveau commencement qui ressemble au précédent début, sans être ce même début.

Le vieil homme se tue, ouvrant un instant les yeux.

Si l'on reste à la périphérie, alors naissance et mort sont inéluctables. Si l'on s'avance vers le centre, peut-être le saisira-t-on et réussira-t-on à s'y maintenir définitivement. Aujourd'hui peu d'hommes savent sortir de la fatalité des lois du temps et de l'espace.

Ce que tu vois autour de toi n'est pas éternel et sans doute d'autres hommes viendront le détruire et te diront que ce que tu connais n'est pas la vérité, alors qu'ils sont eux-mêmes aveugles. Mais je sais que tu as « Vu » cette nuit, et cela personne ne peut l'atteindre. Ces hommes qui viendront sont les Lois Universelles et même si leur langue est fourchue, même si leurs paroles sont aussi noires que le cri du chacal et même s'il amène la mort, ce sera la loi du monde d'ici-bas, qui s'exprimera lumineusement, parce que l'hiver vient toujours à son heure. Ces hommes seront aussi porteurs de la parole sacrée du grand mystère, parce que rien ne peut être en dehors de ce qui n'a pas de limite, et l'hiver est toujours précédé d'un temps régénérateur image de la fin des temps, où les ambassadeurs du dernier pas de l'histoire reçoivent le dépôt des paroles divines.

Réponse aux contre-vérités

La sagesse n'appartient à aucun individu, on s'y identifie on ne la prend pas. René Guénon était de ces hommes-là, qui au prix des plus grandes privations ont cherché à atteindre la Perfection. Cet homme ne s'est enrichi que de connaissances et seule la richesse intérieure l'importait. Peut-être sa jeunesse lui a-t-elle donné quelques vanités, comme celle de se fixer un but supra-humain, mais il n'a jamais eu de disciples, ni fondé aucune école. Sa vie a été tournée toute entière vers la recherche de la Vérité, cette quête si difficile et mystérieuse. Si d'aucun se prétend son élève, ce n'est que par pur orgueil et prétention personnelle.

Mais René Guénon n'a point besoin d'être défendu, son individualité lui importait tout autant que sa première chemise. Par contre, on ne peut laisser dire n'importe quoi sur les écrits traditionnels qu'il nous a laissés. Il faut rectifier les choses à chaque fois que des contre-vérités sont avancées à leur sujet.

Nous répondrons donc à l'article « L'imposture Guénonienne » pour rectifier tout ce qui visiblement n'a pas été bien compris par l'auteur. La lecture attentive de son texte nous a amené à chercher quelles étaient ses motivations, et pourquoi il s'en prenait si hardiment à René Guénon.

Nous avons bien saisi que cet homme était le gardien des textes sacrés chrétiens, mais nous n'avons pas pu déterminer s'il était mandaté par les Autorités Spirituelles de sa tradition pour cette tâche.

Toute sa thèse repose sur deux affirmations ; premièrement que la tradition Chrétienne est la seule vraie tradition, deuxièmement qu'elle est intégrale, c'est-à-dire qu'elle exprime des vérités surnaturelles et naturelles, donc, finalement, métaphysiques et exotériques.

Il convient, avant de répondre à ces deux affirmations, de noter une confusion chez notre auteur, qui ne semble pas avoir bien saisi la véritable nature de la métaphysique, tout simplement parce qu'il est incapable de sortir du domaine existentiel affirmé, nous voulons dire celui où les composantes corporelles, vitales et spirituelles qui font un individu, sont unies. Ceci se retrouve irréfutablement démontré dans la phrase suivante :

« *Pour lui [René Guénon], elle ne comprend plus seulement la métaphysique classique, laquelle est essentiellement une ontologie, c'est-à-dire une science de l'être.* »

Ce qui est prolongé par la définition qu'il donne pour la métaphysique :

« *La physique, au sens antique du mot, est l'étude de la nature matérielle qui tombe sous nos sens. La métaphysique, au sens classique est la science des généralités qui sont suggérées par le spectacle de la nature et la considération de ses mystères, comme par exemple, l'essence et l'existence, l'esprit et la matière, la vie et la mort ; telle est la définition des anciens dont la philosophie occidentale a pris la succession.* »

Cette définition de la métaphysique est très juste, il s'agit bien d'étudier par l'intermédiaire des phénomènes observables dans la manifestation, les lois qui « président » à cette manifestation et non pas les lois « de » cette manifestation qui ne concernent, dans ce cas, que la physique.

Mais, nous savons bien que la philosophie moderne, qui s'appuie sur le phénoménique et les sciences matérialistes, est incapable de s'élever vers les domaines supra-humains (qui sont pourtant tout ce qu'il y a de plus important au regard de la métaphysique) pour la simple raison qu'elle les regarde comme des croyances et non pas comme des réalités. Comment l'ontologie peut-elle, dans ces conditions, aborder l'étude de ce qui dépasse l'existentiel, si elle ne dispose pas d'outils et de sciences appropriés pour appréhender les réalités qui sortent des domaines préhensibles par les seules facultés sensibles de l'homme ?

Comment la philosophie moderne, qui a réduit l'homme à la seule dimension physique dans des conditions existentielles spatio-temporelles linéaires, le faisant, par cette réduction, devenir rien d'autre qu'une usine biologique ultrasophistiquée mue par des instincts infra-conscients de la plus vile nature, comment donc la philosophie moderne peut-elle prétendre succéder à la métaphysique ? Il y a là une aporie insoluble.

Quand on voit que les choses les plus subtiles du domaine de la manifestation, sont devenues si confuses chez les modernes, au point que l'on en vienne à mettre en vis-à-vis « l'essence » avec « l'existence », alors que l' « essence » à pour corollaire la « substance » (dans son acception la plus large, c'est-à-dire celle qui s'étend jusqu'à la forme dans son acception non pondérable), ou que l'on en vienne à établir une homothétie entre vie et mort, alors que la mort est un point insaisissable où se produit le changement d'état d'un être qui quitte son intrication dans les conditions d'existence de la vie terrestre d'un cycle d'humanité donné, pour passer à un autre état (ce qui n'interdit nullement le retour à un état de manifestation en mode individuel sur un autre cycle d'humanité), tandis que la vie est le mouvement d'une entité épuisant ses possibilités de manifestation sur toute l'étendue d'un cycle existentiel particulier, quand on voit donc cette confusion, on comprend que la métaphysique ne puisse être appréhendée avec justesse.

Les modernes, qui ne jurent plus que par le rationnel, oublient pourtant que l'irrationnel, c'est à dire le non-concevable par les facultés ordinaires de l'homme, est ce qui est le plus réel. Ne voient-ils pas que l'espace se prolonge indéfiniment sans limite, impliquant par cette simple considération qu'il ne sera jamais possible d'appréhender analytiquement la totalité de l'étendue. Ne voient-ils pas que le temps s'enroule sans commencement et sans fin, réduisant la vie de l'homme à un presque rien. Ce sont là des vérités incommensurablement plus importantes, que la vanité de vouloir laisser son nom à la postérité d'une humanité qui connaîtra d'autres événements diluviens et apocalyptiques, où l'importance de l'individuel sera ramenée à sa véritable insignifiance. Les pseudo-apôtres d'une pensée intégralement matérialiste et évolutionniste, refusant l'irréfutable vérité qui fait que l'homme est rattaché à des principes essentiels (spirituels) qui ne sont pas de son ressort et sur lesquels il n'a aucune prise, pensant que leur raison les a libérés de toute croyance et que la science physique leur confère un pouvoir démiurgique, nous demandent de « croire » à ce qu'ils appellent eux-mêmes des hypothèses. Mais ces hypothèses, exclusivement analytiques, réduisent l'Universel au domaine de la quantité, ce qui revient à affirmer que l'illimité est quantifiable et que ce qui est non pondérable est irréel. Alors que faire du génie de l'homme traditionnel qui donne vie à la perfection des pas d'une danse traditionnelle, à la quintessence des rythmes d'un poème, à l'harmonie lumineuse d'une œuvre manufacturée ? Ce génie-là ne pourra jamais être expliqué par aucun mot, ni transmis par aucun écrit, et la science matérialiste est impuissante à la mesurer. Que peut-elle face à la Beauté ? La Beauté s'impose à l'homme, celui-ci ne peut que tendre vers Elle, telle est sa seule latitude. Mais pour s'élever vers la possession d'un art générateur de Beauté, il lui faut pratiquer une science particulière qui lui donne les moyens de conformer son esprit, son âme et son corps à cette Beauté. Il n'y a que les sciences traditionnelles métaphysiques qui puissent faire cela, et là encore nous ne pouvons que constater que la philosophie moderne a bien perdu quelque chose plus qu'elle n'en a gagné dans sa transformation matérialiste et qu'elle est loin d'avoir pris la succession des sciences ésotériques qui ont le pouvoir de transcender l'homme. Et nous touchons là, précisément, ce qui différencie ces deux types de science. La première (la science traditionnelle) est une science prenant l'homme dans sa dimension intégrale, c'est-à-dire de l'essentiel jusqu'au substantiel, alors que la deuxième ne regarde l'homme que dans sa dimension quantifiable. Mais cette seconde approche n'est nullement répréhensible, tant qu'elle n'est pas regardée comme une approche intégrale. Et pourtant, c'est bien ce qui est fait par les modernes. Ils affirment que seule la méthode analytique et systématique (c'est-à-dire celle qui permet de reproduire systématiquement un phénomène) permettra de percer les mystères de l'Univers. Ils nous demandent de croire à leur méthode, et de croire en eux, oubliant de nous dire que l'analyse ne peut atteindre ce qui n'a pas de limite, et que la systématique ne peut embrasser les domaines non-phénoméniques comme la Beauté dans son sens le plus Universel.

Et cette réduction du point de vue au domaine exclusivement phénoménique, se retrouve chez notre auteur anti-Guénonien qui, en affirmant que « Dieu est Personnel », devrait se rendre compte sans difficulté qu'il affirme ici la notion d'Être, c'est-à-dire ce qui « préside » à tout ce qui « est » mais qui n'inclut pas l'Impersonnel (défini aussi comme le Non-Être). Il n'y a aucun blasphème dans cette constatation, que Dieu (au sens occidental et moderne du terme) embrasse la totalité du domaine de la manifestation, et ne laisse rien d'existentiel en dehors de Lui, ne vient aucunement en contradiction avec le fait que l'Impersonnel ou le Non-Existentiel ne peut être inclus dans l'Existentiel, affirmation d'un Principe non-manifesté. Ce qui est manifesté est par nature limité par les lois qui font que cette chose est ce qu'elle doit être et pas autre chose. L'Être, bien qu'étant la totalité des possibilités de manifestation, est cependant encore en quelque sorte limité, d'une part par le lien qui le rattache à la totalité des possibilités de manifestation impliquant conséquemment une restriction à ce domaine-là, d'autre part par le fait qu'il ne peut présider aux possibilités de non-manifestation, à l'Impersonnel. Ce que l'on appelle le « Principe Suprême » est non-limité, non-fini, et ne peut être appréhendé que par négation d'acceptions limitatives. Ce Principe Suprême préside au Non-Être qui lui-même préside à l'Être. Pour essayer de faire une analogie avec des concepts ordinaires, nous pouvons dire que le Non-Être est comme le Silence qui contient toutes les possibilités de sons « manifestables » qui se manifesteront effectivement, mais aussi toutes les possibilités de sons manifestables qui ne se manifesteront jamais, enfin toutes les possibilités de sons non-manifestables. Cette analogie, aussi imparfaite qu'elle soit, nous permet d'approcher quelque peu ce qu'il faut entendre par le « Personnel », « l'Impersonnel » et ce qui Préside à ces deux possibilités, c'est-à-dire le « Principe Suprême ».

Cette limitation au domaine de la manifestation se retrouve aussi quand notre auteur définit la Loi de la tradition primordiale ; « *C'est la voix de la conscience, c'est la loi naturelle* ». Nous voyons à nouveau que ce dont il s'agit ne concerne que les êtres en mouvement (la conscience) dans la nature, c'est-à-dire dans l'Univers manifesté et pondérable. Cette Loi qu'il nous énonce, n'est pas la Loi qui fait « être » les êtres – car il faut nécessairement qu'il y ait une loi pour que l'être soit, pour que l'union des composantes immortelles et mortelles se fasse par l'intermédiaire d'un souffle vital (nous reviendrons un peu plus loin sur cette acception) – mais elle est la loi des êtres dans la manifestation.

Reconnaissons tout de même à l'auteur, le mérite d'avoir donné une définition très exacte de la lecture symbolique :

« *Le symbolisme religieux est une forme particulière de raisonnement qui permet de comprendre le monde spirituel en observant le monde matériel. Car le Créateur a établi une harmonie entre ces choses visibles et ces choses invisibles qui sont énoncées dans la profession de Foi chrétienne :* « *Factorem cæli et terræ, visibilium et invisibilium* ». *Le monde des corps est l'image du monde des esprits. Tel est le fondement de la "dissertation symbolique".*

Dans ces "choses invisibles" il faut inclure, non seulement le monde des esprits (c'est-à-dire celui des anges et des âmes), mais aussi tout l'ordre surnaturel, car lui aussi est invisible avec l'œil du corps. »

Mais ce qui est paradoxal (tout en n'étant pas surprenant) dans le raisonnement de l'auteur, c'est qu'il ne nous dit pas comment ce monde surnaturel (donc ésotérique, ou métaphysique, ces deux termes sont équivalents) reconnu ci-dessus comme réel, mais invisible et insaisissable par les facultés sensibles de l'homme (l'œil du corps), peut être appréhendé par ce dernier. Nous savons bien que ce monde est décrit synthétiquement et symboliquement dans les textes sacrés chrétiens (au même titre que dans toutes les doctrines authentiquement traditionnelles), mais nous comprenons qu'il nécessite aussi l'ouverture d'un autre œil que celui du corps pour être vu. Quel enseignement est-il nécessaire de suivre, pour que l'homme soit apte à percevoir et à vivre cette réalité suprahumaine ? Est-ce un enseignement rationnel, basé sur l'analyse et la pensée discursive ? Est-ce un enseignement basé sur le renoncement à toute action de quelqu'ordre qu'elle soit ? Avant de pouvoir répondre à ces interrogations, il est nécessaire de développer certaines considérations qui nous amèneront à dénouer ces questionnements.

La Tradition Chrétienne est-elle la seule vraie Tradition ?

Pour apporter une réponse appropriée à cette première affirmation, il convient de définir à qui s'adresse la tradition chrétienne. Il semble qu'il règne une grande confusion sur ce point, notamment en raison de l'égocentrisme exacerbé du peuple blanc qui prend sa zone d'influence pour le monde entier.

L'épisode babélien qui est pris comme un argument irréfutable en faveur de la théorie de l'auteur anti-Guénonien, qui laisserait entendre qu'il n'existe qu'une seule vraie religion et que toutes les autres doctrines spirituelles seraient des religions dégénérées, l'épisode Babélien donc, au vu de sa situation géographique, indique très clairement qu'il ne concerne qu'une zone très limitée du globe et ne regarde que les peuples en lien avec ce lieu. En effet si l'on considère que la dispersion des peuples s'est faite à partir de ce lieu là, nous constatons immédiatement que l'Extrême-Orient, l'Afrique, l'Australie et l'Amérique ne sont nullement concernés par cet évènement. Premièrement, Babel est en rapport avec deux phénomènes ; d'une part une « confusion » qui exprime qu'une chose initialement pure devient par la suite impure, diffuse, désordonnée, mais où il est toujours possible de retrouver dans cet élément résultant brouillé les éléments de l'original, deuxièmement, la « dispersion » qui exprime qu'une entité originelle unie s'est désunie et dispersée, mais on peut faire la même remarque que pour le phénomène précédent, car dans les éléments dispersés ont doit nécessairement retrouver des caractéristiques de l'entité originelle. Il n'est pas difficile de constater que les langues Extrêmes-Orientales (ouralo-altaïques, sino-tibétaines et japonaise), Africaines (chamito-sémitiques, nigéro-congolaises et bantoues), Australiennes (Austronésiennes, papoues et australiennes), Amérindiennes, ainsi que leurs systèmes d'écriture quand ils sont existants, n'ont pas les mêmes racines que les langues et écritures Occidentales (indo-européennes). De la même façon, les peuples Jaune, Noir et Rouge, ne peuvent nullement trouver leur lieu d'émergence originel là où se trouve la tour de Babel. Cependant, il doit être fait une remarque importante. Si l'événement Babélien n'est pas celui qui marqua la séparation de la Tradition Primordiale (celle du peuple originel qui précéda l'émergence des quatre grands peuples), il en est indubitablement un reflet secondaire. Si nous voyons plus en détail les événements post-diluviens nous mettrons alors en lumière irréfutablement que les descendants de Noé ne se comportent pas tous identiquement et ne sont pas tous concernés par les événements de la plaine de Sennaar. Voici la traduction de la Genèse 9 tirée du texte copte :

« *La femme de Noé, renouvelant celle d'Adam, étant nue et attirante, le fit boire beaucoup ; se délectant extrêmement, il fut ivre, alla en titubant et perdit le sens, et il évacua son vomissement ; échauffé par la liqueur prise, il se coucha, étant poussé à imposer ce qui est le droit du mariage, et ensuite, ayant envie de dormir, il enleva le vêtement qui lui couvrait les jambes et montra sa nudité, laissant la porte auprès, ce qui permettait d'avoir accès. Observant l'intervalle, Chanaan, le dernier rameau de Cham, qui était mauvais, s'introduisit par la porte et, observant les parties génitales, au lieu de les cacher, vint le lui annoncer, lequel, sans même se détourner, se réjouit fort de ce que le chef révélât sa région inférieure mise à nu et, riant, le dit promptement à Sem et Japheth qui, craignant régulièrement d'offenser la considération due au chef, rejetèrent la vision des cuisses et parties génitales du chef qui a produit les fils. Les frères du rejeton initial affirmèrent intouchables les parties génitales du premier qui ait donné la vie à l'entour et qui, par ses premiers-nés, ajoutera des germes jusqu'au cercle universel des eaux ; ils marchèrent jusque-là, entrèrent à l'envers dans la maison vers le chef qui mettait à nu sa chaleur, et jetèrent une couverture par-dessus celui dont l'ardeur avait donné la vie à l'entour et, par ses premiers-nés, au loin. Quittant la maison dans laquelle le chef mettait à nu sa chaleur, ils fermèrent la porte avec précision.* »

La version ordinaire est la suivante :

Genèse 9

21. *Il but du vin, s'enivra, et se découvrit au milieu de sa tente.*
22. *Cham, père de Canaan, vit la nudité de son père, et il le rapporta dehors à ses deux frères.*
23. *Alors Sem et Japhet prirent le manteau, le mirent sur leurs épaules, marchèrent à reculons, et couvrirent la nudité de leur père ; comme leur visage était détourné, ils ne virent point la nudité de leur père.*

Nous avons là des données de première importance pour interpréter correctement les événements post-diluviens. Premièrement, les anecdotes autour de la nudité de Noé sont à mettre directement en rapport avec celles d'Adam et Ève. L'ivresse du Patriarche (qui, bien entendu, ne doit pas être pris au sens moralisant) n'est autre que le retour de celui-ci dans un état supra-conscient et purement spirituel, qui était précisément celui d'Adam avant qu'il ne goûte au fruit de l'arbre des sciences. Cham, est celui qui perçoit la nudité de son père, et reconnaît implicitement par cet acte son attachement au matérialisme, qui ne peut que le conduire loin du Paradis (comme ce fut le cas pour Adam et Ève), et préfigure déjà la dégénérescence de sa pureté originelle, qui mènera inévitablement ses descendants aux événements Babélien. Mais il reste ses deux frères, qui eux renoncent à voir par les yeux du corps la nudité de leur père, qui est l'emblème de la distinction et du détachement de l'unité primordiale, de l'apparition de la parturition, de l'adoration idolâtrique, du refus de se conformer à la hiérarchie principielle. Cela montre sans aucune ambiguïté, que les peuples de la terre, qui sont nés de ces trois fils, ne dériveront pas tous vers l'idolâtrie, et que certains resteront sur la Voie authentiquement traditionnelle et métaphysique. Nous pouvons déduire également du rapport numérique entre les trois frères, que les peuples de cette dernière nature sont les plus nombreux.

Le franchissement de la porte est également extrêmement riche en significations, car la porte est le symbole des jalons temporels qui marquent les changements de l'esprit des hommes (Descendant de la nature Métaphysique vers celle Matérialiste) et sont en rapport direct avec les étapes initiatiques. Le fait que Sem et Japhet entrent à reculons symbolise qu'ils restent orientés vers les états purement spirituels et gardent, malgré la descente inévitable due aux lois des cycles temporels, la possibilité de retourner aux états précédents, par la fermeture de la porte. Nous ajouterons que lorsqu'il est dit que la porte est fermée « avec précision », c'est signifier que ce retour aux états primordiaux se fait en pleine conscience et par des actes volontaires et scientifiques où toute leur individualité participe. Nous voyons ici, qu'il n'y a pas place pour un mysticisme basé sur le renoncement à toute action et à une errance contemplative non maîtrisée, ou laissée à l'incertitude du hasard.

Notons également ce passage de la Genèse, qui apporte une confirmation au fait que le peuple vivant à Babel est bien composé des descendants de Cham, c'est-à-dire celui qui s'orienta résolument vers le matérialisme :

Genèse 10

6. *Les fils de Cham furent : Cusch, Mitsraïm, Puth et Canaan.*
7. *Les fils de Cusch : Saba, Havila, Sabta, Raema et Sabteca. Les fils de Raema : Séba et Dedan.*

8. *Cusch engendra aussi Nimrod ; c'est lui qui commença à être puissant sur la terre.*

9. *Il fut un vaillant chasseur devant l'Éternel ; c'est pourquoi l'on dit : Comme Nimrod, vaillant chasseur devant l'Éternel.*

10. *Il régna d'abord sur Babel, Érec, Accad et Calné, au pays de Schinear.*

Maintenant nous allons voir que la Genèse explicite très clairement la chronologie des événements qui menèrent à ceux remarquables de Babel, ainsi qu'elle désigne les hommes qui en furent les protagonistes. La Genèse 10 se termine de cette façon :

Genèse 10

32. *Telles sont les familles des fils de Noé, selon leurs générations, selon leurs nations. Et c'est d'eux que sont sorties les nations qui se sont répandues sur la terre après le déluge.*

Ce passage qui clôture un cycle temporel particulier (un cycle secondaire) de l'histoire de l'humanité, montre qu'à cette fin-là qui suivit le déluge, les nations étaient déjà multiples et répandues sur toute la terre. Ensuite nous avons :

Genèse 11

1. *Toute la terre avait une seule langue et les mêmes mots.*
2. *Comme ils étaient partis de l'orient, ils trouvèrent une plaine au pays de Schinear, et ils y habitèrent.*

Le verset 1 rappelle l'état de la terre à la fin d'un cycle temporel particulier qui est donc celui du début du nouveau cycle secondaire. Mais il faut noter que si la langue est universelle, il existe déjà plusieurs nations. Ceux partis de l'Orient (verset 2) sont ici les descendants de Cham, ce qui a été établi aux passages 6 à 10 de Genèse 10 (voir ci-dessus). La migration qui a lieu ici se déroule dans le sens de l'Orient vers l'Occident. Alors que les descendants de Sem connurent une autre migration :

30. *Ils habitèrent depuis Méscha, du côté de Sephar, jusqu'à la montagne de l'orient.*
31. *Ce sont là les fils de Sem, selon leurs familles, selon leurs langues, selon leurs pays, selon leurs nations.*

Il n'est pas difficile de voir que les descendants de Sem et ceux de Cham, ne connaissent pas le même destin et ne se trouvent pas en les mêmes lieux, en raison de leur nature spirituelle différente. Il est très facile de concevoir alors, que l'Inde ne peut être en rapport avec les descendants de Cham, et nous pourrions même penser qu'elle est beaucoup plus proche de la « montage de l'orient » et de « Sephar » qu'elle n'est de la future Babel.

Étudions, maintenant, plus en détail le passage de la Genèse se rapportant aux événements Babelien :

Genèse 11

6. *Et l'Éternel dit : Voici, ils forment un seul peuple et ont tous une même langue, et c'est là ce qu'ils ont entrepris ; maintenant rien ne les empêcherait de faire tout ce qu'ils auraient projeté.*
7. *Allons ! Descendons, et là confondons leur langage, afin qu'ils n'entendent plus la langue, les uns des autres.*
8. *Et l'Éternel les dispersa loin de là sur la face de toute la terre ; et ils cessèrent de bâtir la ville.*
9. *C'est pourquoi on l'appela du nom de Babel, car c'est là que l'Éternel confondit le langage de toute la terre, et c'est de là que l'Éternel les dispersa sur la face de toute la terre.*

Il faut mettre en rapport ce qui est dit ici avec le verset 31 de Genèse 10 : « selon leurs familles, selon leurs langues, selon leurs pays, selon leurs nations ».

Nous voyons qu'une distinction est faite entre « langage » et « langue », ce qui laisse supposer (comme nous l'avons déjà dit plus haut) que les nations sont déjà multiples et que si la langue est commune, il semble qu'il y ait déjà des langages différents, mais qui n'empêchaient pas la compréhension universelle. L'événement de Babel marque donc une rupture dans la « communion universelle » des hommes qui malgré l'adoption de « langages » divergents, communiquaient par une « langue universelle », qui sans doute est plus proche du « Verbe », que de ce que l'on connaît aujourd'hui en notre monde matérialiste comme seul moyen de communication, c'est-à-dire le « langage articulé ». Ensuite que l'Éternel disperse sur toute la terre les descendants de Cham parvenus à Babel, ne sous-entend nullement que la terre d'alors n'était pas peuplée par d'autres types d'hommes de nature spirituelle différente et toujours vivifiés par la tradition primordiale adaptée aux nouvelles conditions de Temps et d'Espace qui sont celles de ce nouveau cycle secondaire post-diluvien.

Maintenant en possession de tous ces éléments, nous voyons bien que la théorie de notre auteur anti-Guénonien est anéantie, car l'épisode Babélien ne peut en aucune manière corroborer la thèse affirmant l'exclusivité de la possession et de la compréhension des Vérités Primordiales. Que les textes Chrétiens soient les seuls textes adaptés à la mentalité des descendants de Cham ne fait aucun doute, mais il reste tous les descendants de Sem et Japhet qui sont sans doute les plus nombreux (car Sem eut cinq fils et Japhet sept, tandis que Cham n'en eut que quatre) qui, par l'intégrité spirituelle de leurs ancêtres, ont conservé le dépôt de la tradition Noachique par leur refus (ils ont refermé la porte avec précision) de se tourner (en entrant à reculons) vers le matérialisme (les parties nues de Noé) source de toutes les dégénérescences traditionnelles.

Faisons d'autres remarques, qui appuieront encore plus notre démonstration. Tout d'abord, la stabilité traditionnelle Hindouiste ne fait aucun doute, tout comme sa cohésion, son unité et sa remarquable perfection. Nous ajouterons que pour qui connaît les traditions Taoïste, Hindouiste, Africaine, Amérindienne, il est très facile de s'apercevoir que l'idolâtrie a de tout temps été totalement absente de la mentalité de ces hommes traditionnels et qu'il s'agit bien là d'un trait de caractère typiquement occidental. Car, il est certain que le peuple blanc est bien le fils de Cham, et que l'expansion spatiale de sa pensée matérialiste est bien le signe que la fin d'un cycle de temps est proche. Ceci nous amène à considérer la doctrine des cycles cosmiques, pour mettre en lumière les évènements de nos temps modernes, mais surtout pour bien comprendre la place que tient la doctrine chrétienne au sein du peuple blanc. À travers l'exégèse de la Genèse, il est facile de voir que la fin d'un cycle de temps est toujours marquée par le règne de l'esprit anti-traditionnel, qui se traduit par une dégénérescence de la compréhension des Vérités Universelles et/ou par un renoncement complet à la pensée métaphysique. Cette fin est signée par des cataclysmes naturels, et par une intervention Divine qui a pour but de régénérer les éléments archétypaux d'existence qui se sont dissolus en épuisant les possibilités de manifestation qui étaient les leurs sur le précédent cycle.

Qu'aujourd'hui règne l'esprit anti-traditionnel, la confusion, l'individualisme, l'idolâtrie sous sa forme la plus profane (des stars, des scientifiques matérialistes), ne fait aucun doute.

Il est intéressant d'ailleurs de figurer ci-contre, l'idéogramme chinois *Tcheu* symbolisant le tempérament spirituel de ce segment. Il désigne un cœur (radical inférieur) centre spirituel de l'individu (ou d'un peuple) caché sous la terre (radical supérieur), signifiant par là-même le renoncement au spirituel et à la métaphysique,

et rappelle, si l'on se réfère au domaine Universel, que le Centre Spirituel Universel demeure non manifesté, mais qu'il peut être retrouvé dans des lieux tels que la caverne ou sous terre comme cela se retrouve chez certains peuples Indiens d'Amérique contemporains où les Kiva sont des lieux sacrés enterrés. Ceci nous permet de faire deux remarques. Tout d'abord, les quatre peuples (Jaune, Noir, Rouge et Blanc) ont connu tour à tour leur période de prédominance sur la terre (se référer à l'œuvre de Gaston Georgel sur ce sujet[5]) et le peuple occidental « épuise » en ce moment celle où elle doit régner. Ensuite, le tempérament de celui-ci porte naturellement les couleurs du dernier jalon temporel, c'est-à-dire celui d'un esprit anti-métaphysique. Cela ne veut pas dire pour autant qu'il n'est pas porteur

---

[5] Notamment « Les quatre âges de l'humanité », 2ème édition (revue et complétée) Éditions Arché Milano 1976.

d'une doctrine traditionnelle authentique, mais l'on comprendra qu'elle est nécessairement cachée, car l'esprit des individus qui la porte n'est pas de nature à en retirer toute la lumière. Ceci permet de comprendre pourquoi la doctrine chrétienne propose un enseignement exclusivement exotérique (pour la simple raison que le peuple blanc est par nature anti-ésotérique, c'est-à-dire matérialiste), et pourquoi également cette religion n'est pas responsable de la destruction des autres traditions. En effet, dans le monde profane se produit une sorte de cristallisation sur la théorie qui rend les religions responsables des maux qui ont cours aujourd'hui sur terre. Pourtant, ce n'est pas la doctrine traditionnelle chrétienne ni les autres doctrines qui transforment l'homme Occidental en individu assoiffé par la conquête et le désir matérialiste, générateurs de déséquilibres, de désordres et de guerres. Cela est sa nature intrinsèque et sa tradition a pris l'expression et la forme qui est en conformité avec cette nature-là, pour que les vérités métaphysiques ne s'effacent pas définitivement après le passage de la pensée matérialiste, comme elle n'est pour rien dans la lumineuse Loi Universelle qui fait que la dernière marche d'un cycle temporelle est de même nature que l'hiver et explique conséquemment que tout ce qui était encore intégralement traditionnel se résorbe petit à petit pour n'être plus qu'un point blanc dans une zone noire.

Le rôle d'une doctrine est d'éclairer les hommes sur les lois qui président à la manifestation universelle et un peuple traditionnel dispose de sciences et d'arts traditionnels pour permettre aux hommes en lien avec elle de pénétrer au plus profond des vérités métaphysiques contenues synthétiquement dans les différents symboles : graphiques, mythiques, phonétiques et vitaux. Et lorsque des jalons temporels sont franchis, marquant la fin d'une tempérance et la naissance d'une autre, de nouvelles expressions de la tradition primordiale, c'est-à-dire de cette Vérité Universelle qui n'est pas faite par l'homme puisqu'il n'a aucun pouvoir sur les Lois Universelles - il ne peut que les constater et s'y conformer – se manifestent sous la forme lumineusement conforme aux nouvelles conditions de temps et d'espace, par la parole d'êtres non-ordinaires (supra-humains) qui assurent le lien entre les hommes et cette Vérité Principielle. Ces êtres possesseurs de cette Essence Vitale Supra-humaine, « Animés » par l'Esprit Saint, lors de leur mort terrestre, confieront aux descendants par une « Alliance Sacrée », la charge de maintenir la vie de cette Essence vitale supra-humaine pour que l'Esprit Saint puisse s'y attacher lors de son invocation.

Pour revenir à l'idéogramme que nous avons figuré ci-dessus, on ne peut manquer de remarquer la profonde similitude symbolique avec la crucifixion. En effet, le cœur (Principe Spirituel) est l'organe contenant et animant le sang qui est un symbole de l'énergie vitale, et ce cœur ici peut très bien être vu comme un récipient recevant le sang de Jésus-Christ symbolisé par la partie supérieure de l'idéogramme. Il est bon de noter que dans la tradition Extrême-Orientale, lorsque le trait horizontal est incurvé vers le haut, c'est pour signifier que l'individu s'est transformé métaphysiquement pour recevoir et détenir les Influences Spirituelles Pures (*Chenn*). Nous voyons à travers ce simple exemple que la symbolique est universelle et qu'elle parle un langage en relation avec des vérités archétypales universelles, qui prendront lorsqu'elles descendront dans le domaine de la manifestation des formes identiques par leurs principes mais différentes quant à leur aspect extérieur.

Cette dernière réflexion nous amène à aborder la portée d'une doctrine. Ce n'est pas parce qu'une doctrine parle de l'Universel avec infaillibilité, que sa forme d'expression est universelle. Cette dernière est nécessairement adaptée à ceux qui sont destinés à s'y « Unir », et l'on peut comprendre sans peine, qu'étant donnée la nature variée et multiple du monde terrestre, l'expression des Vérités Universelles prendra les « habits » des différents types de peuple qui se sont différenciés en vertu des lois de la manifestation.

Cependant, il faut noter que le terme du dernier segment d'un cycle temporel se superpose (sans se confondre) avec le premier terme du cycle qui vient de s'achever et s'insère sous celui du cycle suivant, il faut donc que les caractéristiques de ce point métaphysique présente les mêmes caractéristiques dont la principale est l'uniformité ou l'indistinction. Ceci explique, que le peuple agent de cette dernière marche temporelle, recouvre progressivement l'ensemble du monde, diluant sous son passage toutes les distinctions. Il n'est que de constater aujourd'hui l'uniformisation spirituelle (anti-spirituelle faudrait-il dire) qui s'effectue inexorablement dans le monde, portant bien évidemment le sceau de la « Quantité », pour se convaincre que la loi des cycles déroule la fatalité de son équation. Le sens des paroles des textes sacrés chrétiens, prend alors un tout autre relief, car cette tradition n'a pas été faite pour conquérir le monde, mais bien pour renfermer les vérités universelles à l'insu d'un peuple conquérant, et que l'extinction des autres formes doctrinales sera compensée par la possibilité de résurrection des Vérités Universelles qui sont en son sein. Ceci est démontré par la facilité avec laquelle certains peuples Amérindiens ont adopté les symboles chrétiens, qui ne sont rien d'autre que cette langue Universelle métaphysique qui n'appartient à aucun peuple en particulier et qui est comprise par tous les hommes dont l'esprit est tourné vers la métaphysique.

Dimension métaphysique et exotérique des textes chrétiens

Pour la deuxième affirmation de l'auteur à qui nous faisons réponse, nous ne pouvons qu'aller dans son sens. Comme nous l'avons dit ci-dessus, les textes sacrés chrétiens comportent des passages intégralement métaphysiques et d'autres intégralement exotériques. Mais nous ajouterons immédiatement qu'il ne va pas de même pour l'enseignement qui en est assuré, car il est bien évident que sa forme moderne est purement exotérique et l'auteur l'affirme lui-même puisqu'il condamne formellement l'ésotérisme et considère ce domaine comme né de l'affabulation profane et de la dégénérescence de la religion archaïque pré-diluvienne.

Pourtant, on ne peut se dispenser de redonner la définition même du mot tradition :

« *Tradition est emprunté au latin Traditio qui est un dérivé du supin Tradere dans lequel on retrouve les racines Trans (7Trans-) et dare* « *donner* » *(7date)* « *faire passer à un autre, remettre* ». *Traditio désigne proprement l'action de remettre, donc la livraison, la remise de quelque chose et au figuré, la transmission, l'enseignement ; il s'applique aussi à l'héritage transmis oralement puis par écrit.* »[6]

Nous voyons immédiatement l'importance primordiale de l'enseignement et qu'il est même la pierre angulaire du corps doctrinal d'un peuple traditionnel. Nous nous apercevons aussi que la transmission est orale puis secondairement écrite. Et là nous rétablissons irréfutablement la relation hiérarchique qui existe entre les deux modes de transmission, à moins que l'auteur ne soit un partisan de la théorie moderne « évolutionniste » et considère que tout ce qui précède l'ineffable instant présent soit moins bien que ce qui le suit, ce qui revient à faire sien deux axiomes : le premier que le temps est linéaire et non cyclique, le deuxième que le matérialisme est supérieur au spirituel, et que finalement l'époque de Jésus-Christ était plus archaïque que celle d'aujourd'hui, donc que Jésus-Christ, ces apôtres, et tous les hommes de cette époque étaient nécessairement moins développés que ceux d'aujourd'hui. Si cela est le cas nous comprenons qu'il interprétera les derniers mots de la définition : « *l'héritage*

---

[6] Définition extraite du dictionnaire historique de la langue Française, sous la direction de Alain Rey, Edition le Robert.

transmis oralement puis par écrit » comme étant l'expression d'un progrès.

Mais il ne fait aucun doute qu'un peuple qui transmet sa doctrine oralement est plus authentiquement traditionnel que celui qui n'assure qu'une transmission écrite. L'écriture à la faculté de garder la lettre, mais est bien incapable de transmettre ce qui fait le « génie » d'un peintre, d'un musicien ou d'un métaphysicien. Si l'on ne veut pas voir que la Connaissance Universelle est incommensurablement plus que ce que nous venons de nommer le « génie », il sera impossible de comprendre qu'un « texte » sacré ne peut pas contenir le « moyen » d'accéder à la véritable illumination sur la vérité supra-humaine qu'elle exprime.

Maintenant pour aller plus loin dans la réponse et montrer que le moyen d'accéder aux états supra-humains auxquels les apôtres, les prophètes et Jésus-Christ ont accédé de leur vivant est nécessairement ésotérique, il est indispensable d'aborder les notions de naissance, de vie et de mort, car elles sont en relation très directe avec les états de réalisation spirituelle d'un individu, qui dépassent très largement la simple vie terrestre.

Il nous semble que le meilleur moyen d'introduire cet aspect est de faire référence à différents passages de la bible :

Jean 12

25. Celui qui aime sa vie la perdra, et celui qui hait sa vie dans ce monde la conservera pour la vie éternelle. »

Matthieu 16

24. Alors Jésus dit à ses disciples : Si quelqu'un veut venir après moi, qu'il renonce à lui-même, qu'il se charge de sa croix, et qu'il me suive. »

Philippiens 1 :

21. car Christ est ma vie, et la mort m'est un gain.
22. Mais s'il est utile pour mon œuvre que je vive dans la chair, je ne saurais dire ce que je dois préférer.
23. Je suis pressé des deux côtés : j'ai le désir de m'en aller et d'être avec Christ, ce qui de beaucoup est le meilleur ;
24. mais à cause de vous il est plus nécessaire que je demeure dans la chair. »

Nous percevons à travers ces paroles que les apôtres connaissent les états supra-humains, pour la simple raison qu'ils ont atteint ces états-là de leur vivant, alors que l'homme ordinaire ne peut les réaliser que si le « salut » lui est accordé grâce aux bonnes actions qui auront été les siennes lors de sa vie terrestre. Nous voyons bien qu'il s'agit ici d'autre chose que du *salut*, puisqu'il est question d' » être avec Christ », c'est-à-dire de s'Unir avec Christ et de se « délivrer » de la vie dans la chair. Cette délivrance est le renoncement à ce qui fait dire « Je » (« qu'il renonce à lui-même », « celui qui hait sa vie dans ce monde la conservera pour la vie éternelle »). La véritable Délivrance, c'est-à-dire le départ « effectif » de la chair, est subordonnée à l'œuvre qui doit être réalisée sur terre et que cette œuvre est un sacerdoce ; « à cause de vous », « Je suis pressé des deux côtés ». Il est évident aussi, que pour les apôtres l'Union avec Christ est déjà pleinement acquise, que la transformation métaphysique de leur individualité par l'abandon de cette dernière leur a conféré un état « définitif » et une Connaissance Supra-humaine. Le salut n'est que le prolongement direct de la vie terrestre, mais il n'est pas cet état dont parlent ici les apôtres.

Nous ajouterons également que lorsque le Christ dit « qu'il se charge de sa croix », c'est bien signifier que celui qui emprunte cette Voie doit réaliser la totalité des possibilités humaines, c'est-à-dire atteindre la Perfection des possibilités d'expression dans le domaine de la manifestation et la Perfection des possibilités de transcendance. C'est ce que la tradition Extrême-Orientale appelle la Perfection Active et la Perfection Passive (idéogrammes ci-dessous).

Tch'ien &   *Koun*

Mais il convient de montrer qu'il existe une Voie vers l'Union avec Christ distincte de celle qui mène au salut. Accéder au Paradis est l'aboutissement du salut, mais il n'est pas difficile de voir que ce lieu supra-terrestre n'est pas le Tout, et que s'Unir à Christ qui est l'Alpha et l'Oméga en dehors desquels il n'y a rien, ne peut être l'équivalent de l'accès au paradis en dehors duquel existe un ailleurs (terrestre et supra-terrestre).

Maintenant, pour aller plus avant dans notre réponse, il est nécessaire de se reporter à certaines étapes importantes de la Genèse, qui vont mettre en lumière les mécanismes qui ont précédé et présidé à l'apparition de la mort. Il ne fait aucun doute, les traditions sont unanimes à ce propos, l'homme ne fut pas de tout temps mortel et il connut des états où il n'était pas corruptible. On peut affirmer également qu'il y eu des états qui ont précédés son intrication dans la manifestation formelle, où il n'était pas encore soumis aux lois de la distinction. La première distinction qui apparut fut celle du genre masculin et féminin qu'il faut bien évidemment prendre dans son acception principielle, c'est-à-dire que la distinction commença par celle d'un Principe générateur et d'un Principe transformateur. C'est le passage de la Genèse cité par l'auteur anti-Guénonien dont nous retenons une traduction différente, ce qui sera justifié par ce que nous dirons par la suite :

Genèse 1

27. *Dieu donc créa l'homme à son image, il le créa à l'image de Dieu, il les créa mâle et femelle.*

Nous voyons que si nous retenons cette traduction pour « Masculum et feminam creavit eos », il ne s'agit nullement de l'homme et de la femme de chair et d'os, mais bien d'une entité pure, non encore manifestée, apte à se reproduire. Nous disons « non encore manifestée » en raison du passage suivant de la Genèse :

Genèse 2

1. *Ainsi furent achevés les cieux et la terre, et toute leur armée.*
2. *Dieu acheva au septième jour son œuvre, qu'il avait faite : et il se reposa au septième jour de toute son œuvre, qu'il avait faite.*
3. *Dieu bénit le septième jour, et il le sanctifia, parce qu'en ce jour il se reposa de toute son œuvre qu'il avait créée en la faisant.*

Nous voyons, ici, que cette pause est un jalon temporel (la fin d'un temps et le début d'un nouveau) entre deux états différents de la Manifestation Universelle.

4. *Voici les origines des cieux et de la terre, quand ils furent créés. Lorsque l'Éternel Dieu fit une terre et des cieux,*
5. *aucun arbuste des champs n'était encore sur la terre, et aucune herbe des champs ne germait encore : car l'Éternel Dieu n'avait pas fait pleuvoir sur la terre, et il n'y avait point d'homme pour cultiver le sol.*

Voilà affirmé, que la première œuvre de Dieu était encore non manifestée. Mais dans les deuxièmes temps qui s'ouvraient, l'homme allait devenir un être vivant :

6. *Mais une vapeur s'éleva de la terre, et arrosa toute la surface du sol.*

7. *L'Éternel Dieu forma l'homme de la poussière de la terre, il souffla dans ses narines un souffle de vie et l'homme devint un être vivant.*

Cette expression clef : « *L'homme devint un être vivant* » est bien affirmer que précédemment ce qui est appelé « homme » n'était pas manifesté dans notre monde, il n'était pas encore fait de cet assemblage triple : L'homme Adamique – Poussière de Terre – Souffle de vie. L'homme vivant est donc un ternaire, où le Souffle réunit ce qui est fait de poussière[7] avec ce qui est immortel (l'homme Adamique). Mais si l'on regarde l'Homme Adamique, il est lui-même double, « masculum et feminam », mâle et femelle. Alors que l'homme n'était pas encore sur terre pour cultiver la terre, Dieu le fit Mâle et Femelle, puis il fit aussi un Adam à qui il enleva une côte (c'est-à-dire diminué d'une part de sa composante Femelle) et une Eve prit de la composante Femelle d'Adam. Ainsi des êtres non encore

---

[7] Rappelons ici le passage de la Genèse 3-19 « jusqu'à ce que tu retournes dans la terre, d'où tu as été pris ; car tu es poussière, et tu retourneras dans la poussière. » qui explicite que cette composante de l'homme est corruptible.

manifestés furent plus Mâle et d'autres plus Femelle et se reproduisirent ainsi ayant des fils et des filles. Nous voyons bien que l'hypothèse de notre auteur anti-Guénonien selon quoi la côte est synonyme d'un néant est absurde, car la toute-puissance de Dieu lui permettait sans avoir recours à ce subterfuge de créer Ève de Rien. Nous ajouterons que dans la tradition Extrême-Orientale l'os est un élément du corps humain classé comme l'un de ceux les plus Yin du plan intermédiaire de la physiologie humaine, c'est-à-dire celui qui présente la particularité d'être ni spécifiquement Yin (Femelle) ni spécifiquement Yang (Mâle). De plus les organes les plus Yang (Cœur-Encéphale, Poumons),[8] sont ceux qui se trouvent sous les côtes qui leur offrent alors une protection (une aide).

Il est intéressant de noter aussi que le nez (les narines) par lequel Dieu insuffle le souffle de vie, symbolise pleinement le Centre Spirituel d'un individu, car dans la symbolique corporelle, la tête est ce qui est le plus proche du Ciel et incarne donc les plans métaphysique et intellectuel de l'homme. Le nez, étant au centre du visage, désigne par

---

[8] Les trois autres organes vitaux (Tsang) sont : Rate-Pancréas, Foie métabolique, Glandes surrénales.

cette place particulière que l'homme reçoit, en ce Centre Principiel, les Influences Spirituelles Pures, d'où l'importance du souffle dans le contenu doctrinal métaphysique de toutes les traditions.

Maintenant, venons-en à l'épisode où la mort apparaît.

C'est après qu'Adam eu goûté au fruit de l'arbre de la connaissance du bien et du mal - qui est le symbole de la conscience distinctive (distinction entre Moi et Toi, mais aussi entre l'intérieur et l'extérieur d'un individu ce qui est décrit par la parabole de la nudité qui se rapporte au physique dans son acception matérielle et psychique) - qu'elle apparut.

Genèse 5

1. *Voici le livre de la postérité d'Adam. Lorsque Dieu créa l'homme, il le fit à la ressemblance de Dieu.*
2. *Il créa l'homme et la femme, il les bénit, et il les appela du nom d'homme, lorsqu'ils furent créés.*
3. *Adam, âgé de cent trente ans, engendra un fils à sa ressemblance, selon son image, et il lui donna le nom de Seth.*

4. *Les jours d'Adam, après la naissance de Seth, furent de huit cents ans ; et il engendra des fils et des filles.*
5. *Tous les jours qu'Adam vécut furent de neuf cent trente ans ; puis il mourut.*

Quelques remarques. D'abord, ne pas voir qu'il y a, dans ce passage de la Genèse et les lignes qui suivent (que nous n'avons pas rapportées ici, parce que notre propos n'est pas de développer ce point particulier), l'expression d'une doctrine des cycles cosmiques est vouloir rester aveugle à une évidence incontestable. Une habile addition permet de retrouver très facilement le nombre symbolique de la durée d'un cycle (principal ou secondaire) qui se retrouve dans les autres doctrines traditionnelles. Comment considérer après cela que la Cosmologie est une doctrine appartenant au monde profane et qu'elle est une dégénérescence de la tradition primordiale étrangère à la « Vraie religion », alors qu'elle est inscrite dans les passages les plus métaphysiques de la Bible ? Ajoutons le passage ci-dessous, qui intervient dès le début de la Genèse, pour préciser qu'une science du ciel est donnée aux hommes pour étudier les lois du temps :

Genèse 1

14. Dieu dit : Qu'il y ait des luminaires dans l'étendue du ciel, pour séparer le jour d'avec la nuit ; que ce soient des signes pour marquer les époques, les jours et les années ;

Mais la première mort ne vint pas d'Adam, mais du meurtre d'Abel par Caïn.

Genèse 4

1. Adam connu Ève, sa femme ; elle enfanta Caïn et elle dit : J'ai formé un homme avec l'aide de l'Éternel.
2. Elle enfanta encore son frère Abel. Abel fut berger, et Caïn fut laboureur.

…

8. Cependant, Caïn adressa la parole à son frère Abel ; mais, comme ils étaient dans les champs, Caïn se jeta sur son frère Abel, et le tua.

…

10. … La voix du sang de ton frère crie de la terre jusqu'à moi.

…

25. Adam connut encore sa femme ; elle enfanta un fils, et l'appela du nom de Seth, car, dit-elle, Dieu m'a donné un autre fils à la place d'Abel, que Caïn a tué.

Il y a dans ces différents extraits, décrits synthétiquement, certains éléments du mécanisme de dissociations des composés de l'homme vivant. Nous voyons que la mort d'Abel a laissé errante sa « voix du sang » qui est une part de son principe vital perdurant après sa mort. Cette part, est double, puisqu'elle est composée du sang et de la voix, c'est-à-dire d'une composante substantielle et d'une composante essentielle. Elle présente aussi les particularités de se tenir entre le monde Terrestre et le monde Céleste, et de pouvoir intercéder auprès de Dieu (puisque Dieu entend son cri).

Mais la mort a une autre conséquence, celle de provoquer un déséquilibre qui doit être compensé. Ainsi lorsque Caïn tua son frère Abel, une part des composantes immortelles (celles conçues avec l'aide de l'Éternel - voir Genèse 4, verset 1) ne pouvait rester sans support corporel, c'est ce qui explique que Seth pris la place d'Abel, (ce que, bien entendu, il ne faut pas prendre au sens psychologique ni au sens moral, mais bien comme la transmission effective d'une part du souffle vital d'Abel à Seth). Ainsi Seth est-il en lien avec Dieu, Adam, Ève et Abel et l'on peut même dire que son propre souffle vital est l'assemblage d'une part des souffles de vie de tous ses ancêtres directs. Mais attention, il n'y a là aucune idée de réincarnation (concept inventé de toutes pièces par les théosophistes français au 20ème siècle),[9] car Adam, Ève, Abel sont tous morts et ont le statut d'ancêtres. Nous pouvons seulement parler de métempsycose ce qui est un concept totalement différent.

À travers tout ce que nous avons dit depuis le début et suivant les derniers éléments que nous venons d'apporter, nous voyons que la mort est une dissociation des différents composés qui ont été assemblés lors de la conception de l'individu. Chacun de ces éléments retourne à leur origine, et c'est pour cette raison, d'ailleurs, que les Extrême-Orientaux appellent les morts des « Retournés ». Mais le retour de ces éléments se fait suivant des processus en rapport direct avec leur nature. Ainsi, les composés mortels retournent à la poussière alors que ceux immortels cheminent vers d'autres destinées. Nous pouvons ajouter qu'il est une composante de nature principielle double, celle

---

[9] Voir « Le Théosophisme, histoire d'une pseudo-religion », René Guénon, Éditions Traditionnelles.

précisément qui a maintenue uni et animé tout ce qui faisait l'individu, dont le sort dépend des actes accomplis lors du vivant de l'individu.

Hébreux 12

22. *Mais vous vous êtes approchés de la montagne de Sion, de la cité du Dieu vivant, la Jérusalem céleste, des myriades qui forment le chœur des anges,*
23. *de l'assemblée des premiers-nés inscrits dans les cieux, du juge qui est le Dieu de tous, des esprits des justes parvenus à la perfection,*
24. *de Jésus qui est le médiateur de la nouvelle alliance, et du sang de l'aspersion qui parle mieux que celui d'Abel.*

Nous avons là, à nouveau, des éléments très importants qui vont nous mener à un stade déterminant dans notre réponse à l'auteur anti-Guénonien. Tout d'abord, Jésus, pour le jalon temporel qui est le nôtre, est le médiateur par lequel nous pouvons accéder à l'Union avec Dieu (ce qui est appelé l'Alliance). Nous voyons également que les Justes qui ont atteint la « perfection », c'est-à-dire ceux qui se sont transformés métaphysiquement pour atteindre les états supra-humains, ont obtenu effectivement cette Union. Ce passage rappelle aussi que les premiers-nés (les ancêtres des hommes mortels) étaient des êtres suprahumains. Enfin, le passage reparle du sang d'Abel (voir Genèse 4-10 ci-dessus) qui peut servir de médiateur entre l'homme et Dieu. Il est dit aussi, que pour le dernier pas de l'Histoire (la nouvelle Alliance), le peuple en lien avec Jésus dispose d'une Voie pleinement effective pour s'Unir à Dieu.

Le sacrifice de Jésus a libéré, entre-autre, un souffle vital (comme celui d'Abel lorsqu'il fut tué par Caïn), qui permet à celui qui est destiné à devenir un Juste par une « Alliance » effective avec lui, de se transformer métaphysiquement. L'une des étapes de la transformation métaphysique, est l'ouverture de l'Esprit.

Cette ouverture de l'Esprit est un long chemin, qui est décrit en partie dans les « Proverbes » de la Bible. Ce chemin passe par la Sagesse qui n'est rien d'autre que la Connaissance issue de la science divine. Mais, c'est bien évidemment tout autre chose que la science matérialiste, il s'agit de la science de l'Esprit :

Proverbes 8

12. Moi, la sagesse, j'ai pour demeure le discernement, Et je possède la science de la réflexion.

Mais cette Sagesse est d'une nature particulière, elle est ésotérique et supra-humaine. Ci-dessous La Sagesse se décrit elle-même :

Proverbes 8

22. *L'Éternel m'a créée la première de ses œuvres, Avant ses œuvres les plus anciennes.*
23. *J'ai été établie depuis l'éternité, Dès le commencement, avant l'origine de la terre.*
24. *Je fus enfantée quand il n'y avait point d'abîmes, Point de sources chargées d'eaux ;*
25. *Avant que les montagnes soient affermies, Avant que les collines existent, je fus enfantée ;*
26. *Il n'avait encore fait ni la terre, ni les campagnes, Ni le premier atome de la poussière du monde.*
27. *Lorsqu'il disposa les cieux, j'étais là ; Lorsqu'il traça un cercle à la surface de l'abîme,*
28. *Lorsqu'il fixa les nuages en haut, Et que les sources de l'abîme jaillirent avec force,*
29. *Lorsqu'il donna une limite à la mer, Pour que les eaux n'en franchissent pas les bords, Lorsqu'il posa les fondements de la terre,*
30. *J'étais à l'œuvre auprès de lui, Et je faisais tous les jours ses délices, Jouant sans cesse en sa présence,*

31. *Jouant sur le globe de sa terre, Et trouvant mon bonheur parmi les fils de l'homme.*
32. *Et maintenant, mes fils, écoutez-moi, Et heureux ceux qui observent mes voies !*
33. *Écoutez l'instruction, pour devenir sages, Ne la rejetez pas.*
34. *Heureux l'homme qui m'écoute, Qui veille chaque jour à mes portes, Et qui en garde les poteaux !*
35. *Car celui qui me trouve a trouvé la vie, Et il obtient la faveur de l'Éternel.*
36. *Mais celui qui pèche contre moi nuit à son âme ; Tous ceux qui me haïssent aiment la mort.*

Nous avons donné ce long extrait, parce qu'il fixe très exactement la nature de l'enseignement traditionnel. Il est la transmission d'une connaissance supra-humaine et supra-cosmique, qui trouve son origine hors du temps et hors de l'espace. Nous voyons bien que l'homme ne peut que l'écouter, c'est-à-dire qu'il ne peut que s'y conformer, cela est sa seule latitude. C'est à lui de s'harmoniser aux rythmes de cette Connaissance supra-humaine :

Proverbes 4

26. *Considère le chemin par où tu passes, Et que toutes tes voies soient bien réglées ;*

Proverbes 29

18. Quand il n'y a pas de révélation, le peuple est sans frein ; Heureux s'il observe la loi !

Mais cela demande une grande rectitude d'esprit, une grande rigueur d'âme, une grande discipline corporelle, dont la disposition première est une attitude Yin par rapport à l'Universel :

Proverbes 1

7. La crainte de l'Éternel est le commencement de la science ;

Proverbes 4

7. Voici le commencement de la sagesse : Acquiers la sagesse, Et avec tout ce que tu possèdes acquiers l'intelligence.
8. Exalte-la, et elle t'élèvera ; Elle fera ta gloire, si tu l'embrasses ;

…

14. N'entre pas dans le sentier des méchants, Et ne marche pas dans la voie des hommes mauvais.

Proverbes 3

7. *Ne sois point sage à tes propres yeux, Crains l'Éternel, et détourne-toi du mal :*

8. *Ce sera la santé pour tes muscles, Et un rafraîchissement pour tes os.*

Proverbes 18

9. *Celui qui se relâche dans son travail est frère de celui qui détruit.*

Tout ceci nous montre au combien on est loin du renoncement à l'action. Au contraire l'action est préconisée à tous les niveaux de la structure de l'homme, celui de l'esprit, de l'âme et du corps.

Et il est rappelé que l'enseignement est dispensé par un Maître qui détient la science, c'est-à-dire par un Juste qui a atteint la Perfection. On ne peut transmettre que ce que l'on possède.

Proverbes 5

13. *Comment ai-je pu ne pas écouter la voix de mes maîtres, Ne pas prêter l'oreille à ceux qui m'instruisaient ?*

Proverbes 6

23. *Car le précepte est une lampe, et l'enseignement une lumière, Et les avertissements de la correction sont le chemin de la vie :*

Cette recherche de la rectitude, est aussi une science de l'énergie vitale :

Proverbes 21

22. *Le sage monte dans la ville des héros, Et il abat la force qui lui donnait de l'assurance.*

Proverbes 24

5. *Un homme sage est plein de force, Et celui qui a de la science affermit sa vigueur ;*
6. *Car tu feras la guerre avec prudence, Et le salut est dans le grand nombre des conseillers.*

Et l'homme en apprentissage doit nécessairement cheminer vers des domaines supra-humains (donc ésotérique et métaphysique), puisque ce à quoi il a à se conformer est de cette nature là :

Proverbes 8

1. *La sagesse ne crie-t-elle pas ? L'intelligence n'élève-t-elle pas sa voix ?*
2. *C'est au sommet des hauteurs près de la route, C'est à la croisée des chemins qu'elle se place ;*
3. *À côté des portes, à l'entrée de la ville, À l'intérieur des portes, elle fait entendre ses cris :*

...

33. *Écoutez l'instruction, pour devenir sages, Ne la rejetez pas.*
34. *Heureux l'homme qui m'écoute, Qui veille chaque jour à mes portes, Et qui en garde les poteaux !*

En 33 et 34 c'est la sagesse qui parle. L'accès à l'Union avec la Connaissance passe par le franchissement d'étapes, qui sont symbolisées ici par des portes. Les poteaux dont il s'agit symbolisent l'ascension qui suit le franchissement des stades de l'apprentissage si particulier des sciences traditionnelles. Mais il est rappelé qu'il faut maintenir une vigilance de tous les instants, car le chemin est long et semé d'embûches.

Comme nous l'avons vu plus avant, la transformation métaphysique par la science de la Sagesse, permet à certains individus de recevoir et de détenir cette puissance tangible (quand elle se manifeste dans notre monde) appelée le Saint-Esprit, que l'on a désigné aussi du nom d'Influences Spirituelles. Les passages ci-dessous explicitent très clairement que le Saint-Esprit (ou les Influences Spirituelles) se transmet de support à support (de possesseur à récipiendaire) :

Luc 4

14. Jésus, revêtu de la puissance de l'Esprit, retourna en Galilée, et sa renommée se répandit dans tout le pays d'alentour.

Actes 1

8. Mais vous recevrez une puissance, le Saint-Esprit survenant sur vous, et vous serez mes témoins à Jérusalem, dans toute la Judée, dans la Samarie, et jusqu'aux extrémités de la terre.

Jean 20

22. Après ces paroles, il souffla sur eux, et leur dit : Recevez le Saint-Esprit.

Actes 8

15. *Ceux-ci, arrivés chez les Samaritains, prièrent pour eux, afin qu'ils reçussent le Saint-Esprit.*
16. *Car il n'était encore descendu sur aucun d'eux ; ils avaient seulement été baptisés au nom du Seigneur Jésus.*
17. *Alors Pierre et Jean leur imposèrent les mains, et ils reçurent le Saint-Esprit.*
18. *Lorsque Simon vit que le Saint-Esprit était donné par l'imposition des mains des apôtres, il leur offrit de l'argent,*

Et le Saint-Esprit est bien cette science dont nous parlions tout à l'heure :

Luc 12

12. *car le Saint-Esprit vous enseignera à l'heure même ce qu'il faudra dire.*

Actes 4

31. *Quand ils eurent prié, le lieu où ils étaient assemblés trembla ; ils furent tous remplis du Saint-Esprit, et ils annonçaient la parole de Dieu avec assurance.*
32. *La multitude de ceux qui avaient cru n'était qu'un cœur et qu'une âme. Nul ne disait que ses biens lui appartinssent en propre, mais tout était commun entre eux.*

L'accession à la Connaissance est l'Union à l'Esprit Saint, conférant une science infuse et l'abandon de son individualité. Cette dernière caractéristique rejoint ce qui a été dit plus haut : « celui qui hait sa vie dans ce monde la conservera pour la vie éternelle ».

C'est en redevenant cet homme archétypal nommé Adam que Jésus devient le fils de Dieu, cette entité pure et immortelle. Comme Abel, il est sacrifié, et la voix de son sang crie de la terre jusqu'à Dieu. Mais il établit une « Alliance » avec les hommes, leur confiant le soin de veiller à son Âme (part du Saint-Esprit) par la prière et les rites œcuméniques.

Dans les derniers extraits que nous venons de donner, il est rappelé que la transmission et la possession effective de l'Esprit Saint (des Influences Spirituelles), qui est l'aboutissement de la Voie initiatique, est une opération soumise à des lois divines[10] sur lesquelles l'homme n'a

---

[10] « Car l'Éternel donne la sagesse ; De sa bouche sortent la connaissance et l'intelligence (Proverbes 2-10) ».

aucune prise.[11] Il ne peut être transmis qu'à des Hommes qui ont cheminé durement sur la Voie de la Connaissance Universelle et Supra-Humaine[12] vers la Sagesse, qui ont conformé leur individualité (Esprit-Âme-Corps) aux lois divines pour atteindre la Perfection (Active et Passive), par des Justes, c'est-à-dire ceux déjà en possession du Saint-Esprit.

Alors, aujourd'hui, quelles sont les sciences traditionnelles occidentales que propose l'église, pour permettre aux hommes destinés aux plus hautes réalisations spirituelles, d'atteindre la Perfection et de se conformer à cette Connaissance qui a participé avec Dieu à la création de l'Univers, à laquelle Abel en tant que premier-né était Uni de par son lien filial direct, et à laquelle Jésus s'identifiât en devenant Christ ? Nous n'en voyons point. C'est pour cette raison que la religion moderne chrétienne est la forme exotérique d'une doctrine métaphysique intégrale, parce que

---

[11] « Car celui qui me trouve a trouvé la vie, Et il obtient la faveur de l'Éternel. (Proverbes 8-35) ».

[12] « C'est par la sagesse que l'Éternel a fondé la terre, C'est par l'intelligence qu'il a affermi les cieux (Proverbes 3-19) ». « Car les voies de l'homme sont devant les yeux de l'Éternel, Qui observe tous ses sentiers. (Proverbes 5-21) »

l'enseignement ésotérique et métaphysique a été abandonné, sans doute pour des raisons majeures. Cela ne diminue en rien le contenu doctrinal de la tradition chrétienne, mais il est important de savoir la nature exacte de la transmission assurée par une forme traditionnelle, tout simplement par honnêteté devant la Vérité Universelle.

Nous voilà parvenu au terme de la réponse pour ce qui concerne la deuxième affirmation de notre auteur anti-Guénonien. L'argumentation a été très longue et sinueuse, mais il ne pouvait en être autrement tant la subtilité des concepts en cause est grande.

Autres contre-vérités à noter

Arrivé à ce niveau, notre contradicteur ne peut plus affirmer que la religion chrétienne est la seule vraie religion, ni que la forme actuelle du christianisme propose un enseignement intégral permettant, aux hommes aptes, de s'Unir à Christ comme cela fut le cas pour les apôtres.

Nous allons ci-dessous, sans liens particuliers, apporter réponse à différents passages du texte de l'auteur anti-Guénonien.

La doctrine Hindoue, est très certainement celle de Sem ou de Japhet restés tous deux tournés vers la métaphysique (lorsqu'ils sont entrés à reculons dans notre cycle d'humanité actuel). Cette tradition métaphysique, comme le sont également celles dont nous avons parlé au début de ce document, permet de refermer la « Porte avec précision », cette « Porte » qui donne accès à la Connaissance Universelle dont il vient d'être question.

La tradition Orientale (ajoutons qu'elle n'a aucun lien avec la tradition Extrême-Orientale, sinon celui d'exprimer les mêmes Vérités Universelles mais dans la pensée Extrême-Orientale) n'appartient nullement à René Guénon, jamais il ne se serait permis de se proclamer propriétaire d'une entité supra-humaine. Il a, sous le contrôle des autorités spirituelles compétentes de la tradition Hindoue, exposé les concepts métaphysiques de celle-ci et expliqué tout ce que sous-entend le terme « Tradition ». Son œuvre a commencé par présenter les concepts doctrinaux les plus extérieurs, définissant la première distinction qui doit être faite entre l'esprit traditionnel et l'esprit moderne, puis pour l'esprit traditionnel la première distinction qui doit être faite entre l'exotérisme et l'ésotérisme (ce qui est à rapprocher de la prise de conscience par Adam de sa nudité, lui permettant d'appréhender la distinction entre son intérieur et l'extérieur).

Lorsque René Guénon a parlé du rameau qui se détache de l'arbre, il ne parlait nullement de la tradition judéo-chrétienne, mais bien du peuple qui portait cette tradition. René Guénon a toujours fait la distinction entre le contenu doctrinal de cette tradition, pour lequel il a toujours démontré son caractère métaphysique, et l'enseignement et la lecture qui en est faite par les modernes.

Nous avons démontré que la nature de ce qui est à transmettre dans une tradition est une Influence Spirituelle de nature double, vitale (chaleur) et Spirituelle (lumière), dont l'essence est en conformité avec celle du peuple qui est destiné à la recevoir. Nous avons vu, que cette Influence Spirituelle (le Saint-Esprit), est reçue par transmission à des individus qui ont transcendé leur individualité pour la conformer à cette Essence supra-cosmique (voir ci-dessus). Cette transformation nécessite un long cheminement, où l'apprenant effectuera des actes (intérieurs et extérieurs) qu'il rapprochera autant que possible des actes archétypaux universels pour qu'ils opèrent une transsubstantiation de son individualité. En considérant la religion chrétienne moderne, nous constatons sans peine que l'enseignement qui est assuré à tous les niveaux n'est pas de cette nature là. Cela ne remet nullement en cause le caractère profondément métaphysique de la doctrine chrétienne, mais il faut considérer qu'aujourd'hui l'église, pour des raisons sans aucun doute impérieuses et certainement salutaires, n'a conservé que la forme d'enseignement exotérique.

Pour revenir à la tradition orientale, l'auteur anti-Guénonien n'a pas saisi que lorsqu'il est question de non-humain, il faut entendre supra-humain. C'est pour cette raison, qu'il considère la tradition Hindoue « non-humaine », en attachant à la négation le caractère privatif, alors qu'il faut y attacher une dimension « transcendante » (supra).

Aux vues des Proverbes de la Bible, il est impossible d'affirmer que la voie contemplative qui « passe par le vide et la passivité aimante » est la Voie qui mène au Dieu Créateur et Personnel. Il est incessamment rappelé que le cheminant doit dominer son esprit, son âme et son corps par des actions conformes aux actions divines, qui sont Sagesse et Connaissance.

Les textes sacrés ne sont nullement l'écriture d'un message « entendu »,[13] il est une écriture synthétique d'une connaissance effective de la Sagesse Universelle, vécue supra-humainement par les prophètes, les apôtres et Jésus-Christ. L'identification à la Connaissance Universelle est intégrale au point qu'il ne puisse pas être fait de distinction entre Elle et ces êtres. Leurs Rythmes intellectuels, vitaux et physiologiques sont à l'unisson des rythmes Universels et supra-cosmiques, leur entendement est supra-humain, et les

---

[13] « L'imposture Guénonienne », Chapitre II-1

écritures qu'ils nous ont léguées ne sont qu'un moyen préparatoire à l'accession à la Sagesse. Nous ne voyons pas comment en lisant un texte sacré il soit possible de réaliser une transsubstantiation de son individualité pour recevoir l'Esprit Saint. Comment un peintre pourrait-il devenir peintre en lisant ?

En ce qui concerne la « tradition profane »,[14] il y a dans cette expression une véritable antonymie. Ce qui est profane est justement étranger à toute Connaissance Universelle. Il ne peut y avoir donc de transmission de ce que le monde profane ne possède pas. Cela rejoint ce que nous avons mis en évidence dans notre travail, que l'auteur à qui nous faisons réponse ne saisit pas la nature de ce qui est à transmettre dans un peuple authentiquement traditionnel, sans quoi il ne pourrait pas prêter au monde profane des possibilités qui ne sont pas de son ressort.

En ce qui concerne la cosmologie, rappelons le passage Genèse 1 :

---

[14] ibid, Chapitre II-5

14. Dieu dit : Qu'il y ait des luminaires dans l'étendue du ciel, pour séparer le jour d'avec la nuit ; que ce soient des signes pour marquer les époques, les jours et les années ;

et Genèse 5 est l'exposé synthétique d'une doctrine des cycles cosmiques en concordance avec les autres doctrines traditionnelles. Que notre auteur ne veuille pas entendre que s'harmoniser aux rythmes cosmiques est le passage indispensable pour s'harmoniser aux rythmes de la Connaissance qui participa avec Dieu à la création de l'Univers, est une chose qui ne regarde que lui.

Venons-en maintenant à la notion d'Unité qui est un concept qui n'est pas bien appréhendé par notre auteur et qui entraîne chez lui des confusions regrettables. Ce concept est parfaitement explicité dans le passage suivant :

Actes 4

31. *Quand ils eurent prié, le lieu où ils étaient assemblés trembla ; ils furent tous remplis du Saint-Esprit, et ils annonçaient la parole de Dieu avec assurance.*
32. *La multitude de ceux qui avaient cru n'était qu'un cœur et qu'une âme. Nul ne disait que ses biens lui appartinssent en propre, mais tout était commun entre eux.*

Nous voyons ici que lorsque des individus ont atteint des états supra-humains en recevant le Saint-Esprit, toute distinction disparaît, si bien que la multitude n'est plus qu'illusoire. Hommes et femmes sont un même cœur, une même âme, « Masculum et Feminam » réunis indistinctement, ce qui peut être dit identiquement par : distinction résorbée indistinctement dans une entité androgyne. Ceci répond à toute la théorie anti-androgyne de l'auteur.

Cette Unité concerne également le Bien et le Mal où ils se résorbent de la même façon. Ainsi, les forces anabolisantes et catabolisantes vues, relativement à la manifestation, comme bien et mal, au point de vue métaphysique sont considérées comme des forces nécessaires à l'équilibre universel. Si l'on ne parvient à appréhender cette acception d'Unité, le démon[15] est alors considéré (comme le fait notre auteur) comme une entité s'opposant à Dieu, ce qui sous-entend implicitement l'existence de quelque chose en dehors de Dieu. Ceci est la conséquence d'un raisonnement qui ne s'élève pas au-dessus de la morale

---

[15] « L'imposture Guénonienne », Chapitre VIII-3

humaine et de l'affectif, où chaque effort dans la manifestation est considéré relativement au bénéfice individuel qui peut en être retiré dans l'immédiateté du présent, où la mort et la douleur sont vues comme des pertes, alors que ces événements d'un point de vue métaphysique sont une participation à l'équilibre Universel. Rappelons ces passages qui illustreront à merveille nos propos :

Philippiens 1

21. *car Christ est ma vie, et la mort m'est un gain.*

Proverbes 23

12. *Ouvre ton cœur à l'instruction, Et tes oreilles aux paroles de la science.*
13. *N'épargne pas la correction à l'enfant ; Si tu le frappes de la verge, il ne mourra point.*
14. *En le frappant de la verge, Tu délivres son âme du séjour des morts.*

Il faut en venir maintenant au symbolisme de la croix. La réponse finalement peut être extrêmement courte, mais nous développerons quelque peu la réponse, pour aborder quelques éléments fondamentaux.

Ce que l'auteur anti-guénonien oublie de mentionner c'est que dans le symbolisme rattaché au Christ il est un symbole d'une extrême importance, c'est le Chrisme. Rappelons sa forme ci-dessous :

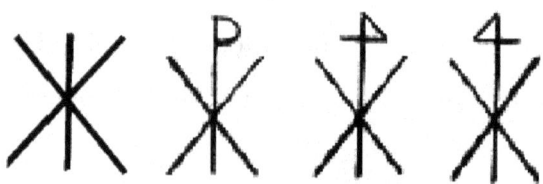

Il saute immédiatement aux yeux que ce symbole est la croix universelle étudiée par René Guénon et tant reniée par notre auteur. Nous ne comprenons pas pourquoi il rejette si âprement cet emblème, le mettant en opposition avec le symbolisme de la crucifixion, alors qu'il est une écriture symbolique en rapport avec d'autres significations métaphysiques, qui se retrouvent dans la doctrine Chrétienne puisque ce symbole est aussi sien. Le raisonnement de l'auteur consiste à rabaisser et dénigrer systématiquement les significations de l'un et à rehausser et encenser ceux de l'autre, alors qu'ils ne disent pas les mêmes choses. C'est pour cela que vouloir rechercher dans la croix à trois dimensions des significations rattachées à la crucifixion est une aberration.

De plus, l'auteur à parfois pour critères de jugement ceux reposant sur la sentimentalité que l'on peut retirer ou non des symboles. Nous ne voyons pas comment le sentimental peut intercéder comme critère qualitatif. Reprocher à René Guénon sa neutralité affective, sa plasticité, est ne pas comprendre le monde d'en haut où tous les sentiments sont en plénitude, c'est-à-dire embrassés tous à la fois, sans distinction, Unis en une seule participation affective qui peut prendre le nom d'Amour au sens le plus Universel du Terme. Ceci se retrouve dans les passages suivants :

Jean 8

23. Et il leur dit : Vous êtes d'en bas ; moi, je suis d'en haut. Vous êtes de ce monde ; moi, je ne suis pas de ce monde.

Colossiens 3

2. Affectionnez-vous aux choses d'en haut, et non à celles qui sont sur la terre.

Romains 12

3. Par la grâce qui m'a été donnée, je dis à chacun de vous de n'avoir pas de lui-même une trop haute opinion, mais de revêtir des sentiments modestes, selon la mesure de foi que Dieu a départie à chacun.

4. Car, comme nous avons plusieurs membres dans un seul corps, et que tous les membres n'ont pas la même fonction,

5. ainsi, nous qui sommes plusieurs, nous formons un seul corps en Christ, et nous sommes tous membres les uns des autres.

Corinthiens 1

10. Je vous exhorte, frères, par le nom de notre Seigneur Jésus-Christ, à tenir tous un même langage, et à ne point avoir de divisions parmi vous, mais à être parfaitement unis dans un même esprit et dans un même sentiment.

Philippiens 2

1. Si donc il y a quelque consolation en Christ, s'il y a quelque soulagement dans la charité, s'il y a quelque union d'esprit, s'il y a quelque compassion et quelque miséricorde,

2. rendez ma joie parfaite, ayant un même sentiment, un même amour, une même âme, une même pensée.

...

5. Ayez en vous les sentiments qui étaient en Jésus-Christ,

6. *lequel, existant en forme de Dieu, n'a point regardé comme une proie à arracher d'être égal avec Dieu,*
7. *mais s'est dépouillé lui-même, en prenant une forme de serviteur, en devenant semblable aux hommes ;*

Comme nous l'avons vu plus haut l'auteur n'a pas saisi la notion d'Unité, ni ce que recouvre la métaphysique. La phrase suivante est significative :

« *Nous remarquons tout de suite qu'il se contente de donner à la croix un sens métaphysique et un sens cosmologique, mais qu'il n'effleure même pas le sens surnaturel que les chrétiens lui reconnaissent* ».

La métaphysique étant ce qui préside au physique, elle est donc conséquemment ce qui est « sur-naturel » dans son acception transcendante et principielle. Nous voyons que la phrase de l'auteur révèle une contradiction flagrante, reflet de son incompréhension des concepts élémentaires de la métaphysique.

Mais, l'incompréhension de l'unité, outre le fait qu'elle interdit à l'auteur de percevoir ce que sous-entend l'androgynie, le conduit également à d'autres dérives. Celles notamment où il fait la distinction entre Créateur et

Créature. Considérer ces deux termes comme distincts absolument, est commettre la plus grave erreur métaphysique, puisqu'alors cela sous-entend qu'il existe une entité extérieure au Créateur. Si la Créature est hors du Créateur, c'est qu'il existe un domaine existentiel en dehors de lui. Cette aporie, provient de la terminologie employée tout à fait inappropriée pour aborder les présents concepts métaphysiques, car ils induisent des erreurs conceptuelles. C'est pour cela que « Manifestation » est préférable à « Création », tout comme « Préside » est préférable à « Produit ».

Il est une autre acception que l'auteur ne parvient pas a saisir, c'est la notion de prolongement indéfini qui fait que la sphère dont il est question[16] dans le « Symbolisme de la croix », n'a pas de limite et contient la totalité de la manifestation, se prolongeant indéfiniment. Il n'y a donc aucun emprisonnement puisqu'il s'agit d'une sphère indéfiniment grande. En fait, l'auteur est incapable de sortir du monde terrestre, puisque l'on se rend compte qu'il associe

---

[16] « L'imposture Guénonienne », Chapitre V-6 et 7.

la sphère à la Terre, ce qui est totalement étranger à la représentation qu'explicite René Guénon.

Une autre confusion est à relever. Lorsque René Guénon décrit le développement des possibilités existentielles par la rotation du vortex sphérique, la sphère est un volume plein, et non pas une enveloppe vide comme croit le voir notre auteur.

René Guénon est tout sauf un occultiste. Sans doute notre auteur n'a-t-il pas lu « L'erreur spirite » ou « Le théosophisme, histoire d'une pseudo-religion », ni les divers « Comptes-rendus ». Il se ferait une tout autre idée sur la question, et sans doute découvrirait-il avec stupeur, à quel point il était leur ennemi le plus redoutable. Notre auteur se plaît aussi, à rendre synonymes occultisme et ésotérisme, alors qu'ils s'opposent de la manière la plus principielle, car l'un est la nuit et l'autre le jour. L'ésotérisme est la « Science » d'Aristote, la métaphysique, et nous ne connaissons pas d'occultistes faisant de la métaphysique. Dans le même genre d'idée, nous noterons sans faire de commentaire, tout le mépris que semble ressentir notre auteur anti-Guénonien à l'égard des autres traditions et autres religions, ressentiment bien entendu consécutif à sa conviction d'être le représentant archétypal de la « seule »

« vraie religion ». Aussi le ton sarcastique qui est le sien quand il décrit les représentations métaphysiques hindouistes[17] est-il insultant au regard des très probables descendants de Sem ou Japhet.

Autant dire que les chapitres VII et VIII ne concernent ni de près ni de loin René Guénon. Que notre auteur se soit intéressé aux personnes qui se sont attachés à développer le mythe de l'androgyne, ne regarde en rien René Guénon, sujet qui occupe somme toute fort peu de place dans son œuvre : dix-sept à vingt pages et dans le « Symbolisme de la Croix » six pages. L'androgynie est très loin d'être un aspect important dans l'œuvre de René Guénon, et s'il est mentionné c'est tout simplement parce que cet état supra-humain est une conséquence inévitable de toute transformation métaphysique, où le Juste retourne à l'état Adamique qui réunit indistinctement « Masculum et Feminam », puis à celui où il n'est plus que cette Sagesse Universelle qui est Unie à Dieu en tant que Coopérateur [du Ciel] (expression empruntée à la tradition Extrême-Orientale). Ajoutons, que notre contradicteur, est incapable

---

[17] « L'imposture Guénonienne », Chapitre III.

de sortir de la représentation matérialiste et anthropomorphique d'Adam et Eve, et dans chacun de ses propos ces deux états supra-humains sont toujours ramenés à une dimension terrestre, autant dans leur aspect physique que dans leurs actes (la reproduction et l'enfantement par exemple). Pourtant rappelons les paroles du Christ deuxième Adam :

« *Vous êtes d'en bas ; moi, je suis d'en haut. Vous êtes de ce monde ; moi, je ne suis pas de ce monde.* » L'écriture sainte est une écriture synthétique qui doit s'appuyer sur le raisonnement analogique, c'est-à-dire que les images données pour décrire les Vérités métaphysiques et ésotériques (supra-naturelles), utilisent nécessairement le langage de ce monde, mais il faut, à travers un enseignement ésotérique faisant participer tous les plans de l'homme (Esprit-Âme-Corps), réussir à transposer par transsubstantiation ce langage rattaché à l'inévitable représentation du monde par les facultés sensibles de l'homme, en Verbe.

Une autre réflexion de notre auteur trahit son adhésion à la vision évolutionniste et matérialiste des scientifiques modernes. C'est lorsqu'il prend pour argument l'absence d'hermaphrodisme chez les animaux supérieurs qui sont sensés annoncer l'homme, pour récuser l'état suprahumain androgyne. L'homme ne descend nullement des animaux supérieurs, il est une mystérieuse descente de l'esprit dans la matérialité existentielle, et il était homme intégralement avant qu'il ne se manifeste dans la forme. Comment un processus de reproduction tel que celui existant sur terre, où la stabilité des espèces est un fait incontestable et patent, pourrait-il être générateur de mutations évolutives. Un singe enfante un signe depuis qu'il est singe, et les espèces disparaissent quand les conditions d'existence ont cessé d'être les leurs, sans qu'elles ne mutent vers de nouvelles espèces. Si cela était le cas, nous aurions vu nombre d'animaux se transformer, car l'homme moderne impose à la nature une telle pression déséquilibrante, que nous ne manquerions pas de voir les animaux en voie de disparition s'adapter à l'environnement que lui laisse l'homme. Mais il faudrait que la nouvelle entité mutée, devenue adulte, trouve un conjoint muté identiquement pour se reproduire et perpétuer la nouvelle espèce. On nous dira que l'évolution est un phénomène extrêmement lent, nous répondrons alors que l'homme depuis au moins 32 000 ans n'a pas varié d'un iota, et que les bouleversements se font toujours brutalement.

Enfin, nous terminerons par la définition de l'auteur sur le rapport mutuel mari-femme, où nous voyons qu'il ne sort pas des préceptes dogmatiques, car, s'il nous donne l'une des dimensions transcendantes de ce rapport, nous ne saisissons pas quels peuvent être les bénéfices retirés par les deux individus de cette relation. Dans tous les peuples traditionnels, chaque aspect, sans exception, des rapports entre le mari et la femme est rattaché à des vérités métaphysiques extrêmement profondes, qui explicitent les lois qui ont présidé à la manifestation. Ces rapports entre homme et femme sont donc l'occasion de jouer consciemment les lois métaphysiques, qui permettent à l'un comme à l'autre de se conformer aux cycles cosmiques pour progresser vers la « Connaissance » qui a participé à faire les mondes. Chacun de leurs actes devient donc un acte conforme aux lois Universelles qui, sous les Influences Spirituelles détenues par l'Autorité Spirituelle de leur peuple, réalisent une transsubstantiation métaphysique de leur individualité les conduisant progressivement vers les états supra-humains auxquels leur nature les destine. Mais il est un autre bénéfice, c'est celui de permettre de maintenir le lien effectif de toute la collectivité avec la Connaissance Universelle, en permettant à ceux qui y sont destinés de s'y Unir et de devenir des Coopérateurs Effectifs. Dans ce cas-là, les bénéfices retirés sont considérables, car ils sont source d'une harmonie insoupçonnée dans le monde moderne.

Conclusion

Pour conclure, et notre conclusion sera très courte, nous ne pouvons que déplorer l'attitude de notre contradicteur, qui manifestement se trompe d'ennemi, car la guerre qui est à mener n'est pas contre les défenseurs de l'Esprit Traditionnel, dont René Guénon est très certainement le plus brillant, mais plutôt contre tous ceux qui cherchent à lui nuire.

www.ingramcontent.com/pod-product-compliance
Lightning Source LLC
Chambersburg PA
CBHW050124170426
43197CB00011B/1712